文春文庫

学校では教えない「社会人のための現代史」

池上彰教授の東工大講義 国際篇

池上 彰

文藝春秋

目次

学校では教えない「社会人のための現代史」

池上彰教授の東工大講義　国際篇

はじめに

冷戦がわかると「この世界のかたち」が見える

▼今も続いていた! アメリカ vs.ロシア「スパイ合戦」

2013年8月、元CIA職員のエドワード・スノーデンという人物が、ロシアへの入国を認められました。スノーデンは、アメリカの**CIA(中央情報局)**を退職した後、民間企業に就職し、この企業から**NSA(国家安全保障局)**に出向中、アメリカ政府による極秘の情報収

スノーデンの支持者。スノーデンは1983年生まれ。米国軍の特殊部隊を除隊後、CIAへ。内部告発当時は、米コンサルティング会社から派遣され、ハワイ州のNSA拠点のシステム管理者をつとめていた。

***CIAとNSA**　CIAはスパイなど人間による諜報活動(ヒューミント、human intelligenceの意味)、NSAは電子機器による情報収集(シギント、signal intelligence)を担当する。

集活動の実態に触れました。この手法に怒りを覚えた彼は、香港でイギリスやアメリカ、香港の新聞のインタビューを受け、NSAの手口を告発しました。

この結果、スノーデンはアメリカ政府からパスポートを失効させられ、国家反逆罪の容疑で指名手配を受けます。彼はモスクワに到着し、ロシアへの亡命を申請しました。これに激怒したアメリカ政府は、ロシア政府に対し、身柄の引き渡しを求めましたが、ロシアはこれを拒否。結局、ロシア政府は国内に1年間滞在することを認めました。

これに反発したアメリカは、9月に予定されていた米ロ首脳会談をキャンセルするなど、両国の関係は悪化しています。ロシアはその後もスノーデンの滞在の延長を認めています。

▼インターネットは「東西冷戦」から生まれた

まるで東西冷戦時代の再来のような有様です。ソ連が崩壊し、東西冷戦が終わっても、アメリカはロシアを含む世界各国の情報を収集し続けています。とりわけインターネット社会では、情報の盗み見や盗聴が容易になり、そのための技術も一段と発展しました。

実は、このインターネット技術、東西冷戦によって生まれたものです。アメリカとソ連（ソビエト社会主義共和国連邦）が厳しく対立していた東西冷戦時代、両国は核戦争を覚悟し、その一歩手前まで差しかかったことがあるほどです。アメリカ軍は、もしソ連からの核ミサイルによって、中央のコンピューターが破壊された場合、国内の軍の連絡網が壊滅してしまうことを恐れました。そこで、中央の大型コンピューターを経由することなく互いに連絡できるネットワークシステムの研究・開発を進めました。

　そしてソ連崩壊。軍事目的の必要性が薄れたと判断したアメリカ軍は、構築したコンピューターのネットワークシステムを一般に公開。これがインターネットの出発でした。いったん情報が公開されますと、世界中の技術者が、これを使った新システムの開発を始め、現在のようなネット社会が誕生しました。

　そのネットワークが、アメリカにとって極秘の情報収集を容易にしたのですから、皮肉なものです。

▼学校では教わらない「現代史」に驚く学生たち

　このように、現代世界に生起するさまざまな出来事の多くの端緒が、東西冷戦時代にさかのぼります。東西冷戦を知ることは、現代世界をよりよく知るために必要なことなのです。

　スノーデンによる内部告発の直後、私は東京工業大学での講義で、*アメリカによる情

報収集の手口を解説しました。このようなスパイ活動が行われていることを初めて知った学生も多く、その驚きように、かえって私が驚いてしまう始末です。こうしたことは、高校までの授業では教わることがありませんからね。その後、アメリカは日本の経済産業省の幹部や日銀総裁、商社のエネルギー部門の担当者の電話を盗聴していたことも明らかになります。

▼世界はなぜ2つに分かれたのか

それにしても、世界はなぜ2つに分かれたのでしょうか。アメリカと対立したソ連が目指した理想とは何だったのでしょうか。その理想は、なぜ失敗したのか。

ロシア、中国が多数の核兵器を保有している理由も、朝鮮半島が分断されているわけも、中東問題が解決の見通しがついていない原因も、冷戦と冷戦後の変化に関係しています。

さらに中国で、なぜ「反日」意識が強

ベトナムで約40年ぶりに発見された息子。父とともに社会復帰が懸念されている。元日本兵では、横井庄一さんが終戦27年後までグアム島で、小野田寛郎さんが29年後までフィリピンのルバング島でジャングルに潜伏してニュースとなった。

いのかも、現代史を知ると見えてきます。

東西冷戦時代に大きな犠牲者を出したベトナム戦争は、アメリカとソ連の当事者が直接戦火を交えることのない代理戦争でした。2013年8月になって、このベトナム戦争中に戦火を嫌ってジャングルに逃げ込んでいた親子が見つかったというニュースが流れました。1972年、アメリカ軍による空爆で妻と子ども2人を失った42歳の男性が、当時2歳だった息子を連れてジャングルに逃げ出し、以来40年以上にわたって隠れて生活していたというのです。

彼らにとって、ベトナム戦争は、まだ終わってはいなかったのです。

▼現代世界を知るために

冷戦後は、冷戦時代の国際秩序が崩壊することで、湾岸戦争やアメリカの同時多発テロも起きました。ここ数年、世界経済を揺るがしたユーロ危機は、第2次世界大戦後のヨーロッパ統一への試みの中で起きた出来事でした。

***アメリカによる情報収集の手口**　スノーデンが明かした機密文書によれば、NSAは全世界のインターネットや電話回線を傍受。日本など同盟国の大使館でも、盗聴や職員のパソコンデータ収集をしていた。

第2次世界大戦後の歴史、とりわけ東西冷戦と冷戦後の現代史を見ていくと、現代世界がよりよく理解できるのです。

この本で取り上げた内容は、東京工業大学での講義が元になっています。学生諸君の生の反応があって、こうした形にまとまりました。

東京工業大学での講義は、すでに2冊の本の形になっています（『この社会で戦う君に「知の世界地図」をあげよう』、『この日本で生きる君が知っておくべき「戦後史の学び方」』）。この本と合わせて読んでいただくと、戦後の日本と世界の様相がはっきり把握できるはずです。

あなたにとって世界史は授業の一コマだったかもしれません。でも、世界史は現代につながっています。**「わたしたちがどこから来て、どこへ向かうのか」**。未来を考えていく上で、この世界の成り立ちを知っておいてほしいのです。

Lecture 1

東西冷戦
世界はなぜ2つに分かれたのか

今回から「現代世界を歴史で見る」と題した新シリーズが始まります。東京工業大学の学生向けのこの講義では、第2次世界大戦後の東西冷戦とその後の歩みを知ることによって、現代世界につながる諸問題について理解を深めていきます。

あなたが生まれる前、あるいは子どもの頃、世界はどのような問題に直面していたのでしょうか。1回目は「東西冷戦とは何だったのか」について取り上げます。

今回出てくるキーワードは、**「鉄のカーテン」「冷戦」「封じ込め政策」「ベルリンの壁」**です。

▼「鉄のカーテン」が降ろされた

第2次世界大戦が終わると、戦争を指導した英国の**チャーチル首相***は、選挙で敗北。首相の座を降ります。戦争中はチャーチルの指導に従っていた英国民も、平時の指導者としてはチャーチルを選ばなかったのです。皮肉なものですね。これが民意であり、歴史なのです。

首相の座を降りたチャーチルは、1946年、米国を訪問します。招待されたミズーリ州のウェストミンスター大学で講演し、有名な「鉄のカーテン」という言葉を使いました。

「バルト海のシュチェチンからアドリア海のトリエステまでヨーロッパ大陸を横切る鉄のカーテンが降ろされた。このカーテンの裏側には、中欧・東欧の古くからの国々の首都がある」と続く演説です。

第2次世界大戦中、米国・英国はソ連（ソビエト社会主義共和国連邦）と連合を組み、欧州でドイツやイタリアと戦いました。ドイツが占領していた広範な欧州地域は、西側を米軍が、東側をソ連軍が占領しました。

ソ連軍が占領した地域では、ソ連寄りの共産党政権が次々に樹立されます。

その結果、これらの国々は、ソ連の指導に従い、西側諸国との交渉を絶ち、まるで鎖国のような状態になっていきます。これをチャーチルは、「鉄のカーテン」と称したのです。**カーテンの向こうは見えない。鉄製だからのぞいて見ることもできない、という比喩**でした。

　歴史のある、かつては自分たちの仲間だった中欧・東欧がカーテンの陰に隠れ、その向こうでどのようなひどいことが行われているかわからなくなったという嘆きです。

　と同時に、そのようなソ連の動向に注意を喚起するように米国民に呼びかけたのです。

＊ウィンストン・チャーチル（1874〜1965）公爵家に生まれ、軍人から政界へ。第2次世界大戦で海軍大臣、首相をつとめた。ノンフィクション作家としても高名で、『第二次大戦回顧録』等でノーベル文学賞を受賞した。

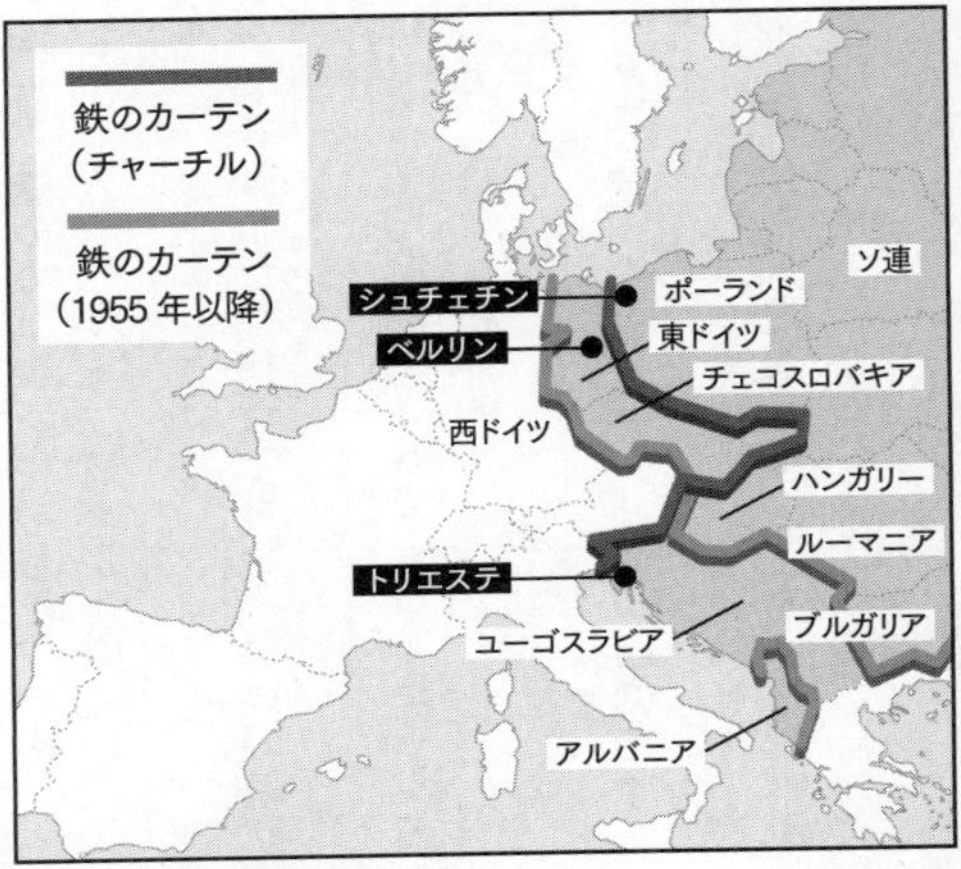

世界を2つに分けた「鉄のカーテン」。

▼「冷たい戦争」の始まり

ちなみに、その後、中国大陸で共産党政権が樹立され、大陸の様子が外部から窺《うかが》い知れなくなったとき、これをマスコミは「竹のカーテン」と呼びました。中国のシンボルは竹だから、というわけですが、実際は、中国も「鉄のカーテン」でした。

鉄のカーテンで東西に分割された様子を、1947年、米国のジャーナリスト、ウォルター・リップマンは「冷戦」と呼びました。

第2次世界大戦のような直接の殺し合いの「熱い戦争」ではなく、睨《にら》み合いの続く様子を、こう表現したのです。

これが、「東西冷戦」です。でも、東側とはソ連、西側はアメリカ。日本から見ると、アメリカが東側で、ソ連が西側。不思議な言い方だね。

学生A：ヨーロッパ中心の世界地図で見ると、ソ連が東側、アメリカが西側です。

その通りだね。この東西冷戦では米国とソ連が直接戦火を交えなくても、代理戦争は各地で発生するようになります。それは、次回以降、見ていきましょう。

▼約束を破ったスターリン

第2次世界大戦後の世界がこうなったのは、ソ連の**スターリン**[*]が約束を破ったからです。その約束とは、**ヤルタ協定**でした。

1945年2月、当時のソ連、現在はウクライナ（2014年、ロシアは、ヤルタのあるクリミア半島を自国に併合した）に所属するリゾート地・ヤルタに米大統領のルーズベルト、英首相のチャーチル、ソ連首相のスターリンが集まり、戦後秩序のあり方について会談します。

その結果、ドイツの占領から解放した地域で自由選挙を実施して国民を代表する政府をつくるということで合意しました。

しかし、スターリンは、約束を守る気はありませんでした。自国の勢力圏を拡大する

左からチャーチル英首相、ルーズベルト米大統領、スターリン・ソ連首相。1945年2月、黒海をのぞむソ連のリゾート地・ヤルタで大戦後の〝分け前〟を相談。ソ連の対日参戦もここで密約が決められた。

***ヨシフ・スターリン**（1878〜1953）帝国ロシア内のグルジアに生まれ革命家へ。1922年に書記長に就任。密告による処刑など恐怖政治を行った。第2章も参照。

ことを考えていたのです。

ソ連軍が占領したポーランド、ハンガリー、ルーマニア、ブルガリアでは、ソ連共産党の指導を受けた各国の共産党が臨時行政委員会を結成し、それが政府を形成します。

唯一自由な選挙が実施されたチェコスロバキアでは、連立政権を組んだ共産党がクーデターで独裁政権を樹立しました。

こうしたスターリンの振る舞いには、スターリンの異常な恐怖心がありました。第2次世界大戦でドイツの侵略を受けたソ連は、実に2000万人を超える戦争犠牲者を出しました。これがスターリンの恐怖心の理由でした。**ソ連が敵国になりうる国と直接国境を接していると、いつ侵略を受けるかわからない。ソ連の周辺国家は、自国の言うことを聞く国々（衛星国家*と呼ばれるようになる）で固めておこう**というわけです。

▼米国、封じ込め政策に

スターリンの対応に対して、米国は「封じ込め政策」で応じます。

1946年2月、モスクワの代理大使だったジョージ・ケナン**は、ソ連を内側から観察した結果、米国務省あてに長文の電報を打ちます。それが、ソ連を「封じ込めるべきだ」と提唱するものでした。

この電報が高く評価されたケナンは、国務省に呼び戻され、対ソ連の外交政策をまとめる中心人物となります。

ケナンは、外交専門誌「フォーリン・アフェアーズ」(1947年7月号)に「X」という匿名で「ソ連封じ込め」を提唱する論文を執筆します。米国は、英国など西欧諸国と連携して、ソ連の膨張主義に対抗し、これ以上ソ連の勢力圏が拡大しないように封じ込めるべきだという趣旨でした。これは、「X論文」と呼ばれました。

この方針を受けて米国のトルーマン***大統領は1947年3月、「トルーマン・ドクトリン」を発表します。世界を自由主義(善)と共産主義(悪)に二分して悪との対決を宣言したのです。

世界を単純に2つに分けたがる。これが、米国の外交政策で時々顔をのぞかせる戦略

***衛星国家** 地球の衛星である月が周囲をまわり続けるように、ソ連から離れられない国々をこう呼んだ。

****ジョージ・ケナン**(1904~2005) アメリカの外交官、政治学者。アメリカの国務省は、他国では外務省にあたる行政機関。

*****ハリー・トルーマン**(1884~1972) 民主党の副大統領から、1945年4月のルーズベルト急死によって大統領に昇格。ポツダム宣言、日本への原爆投下を最終決定した。戦後は国際連合の創設を提唱。ドクトリンは「理論」「主義」の意味。

です。２００１年の米同時多発テロ以後、当時のジョージ・ブッシュ大統領が、「テロとの戦い」を宣言し、「アメリカの味方でなければ敵だ」と宣言したのと共通した発想です。

▼「核の平和」という戦略

「悪」との戦いには力が必要だ。米国は、これ以降、軍事力の増強に走ります。その中心は核戦略でした。

ソ連を圧倒する核戦力を維持することで、ソ連が米国を攻撃する気にならないようにする。もしソ連が先制攻撃してきたら、ソ連を崩壊させるだけの報復能力を持つことで、ソ連を牽制《けんせい》する。これが米国の核戦略でした。

核爆弾を搭載した爆撃機を24時間体制でソ連近くの空域に待機させる。首都モスクワまで届く大陸間弾道ミサイル（ＩＣＢＭ）を配備する。世界各地の米軍基地に核兵器を配備する。地上の米軍基地はソ連の攻撃目標になりやすいので、世界の海に展開した潜水艦に核ミサイルを搭載する。

ソ連軍ミサイル部隊のパレード。

それとは別に、ソ連の潜水艦をいつでも撃沈できるように、攻撃型潜水艦を多数建造し、ソ連の潜水艦をもれなく追跡し続ける。

これに対して、ソ連も同じような戦略で対応しました。これによって、米国とソ連による直接的な戦争は避けられました。これが「**核の平和**」と呼ばれる状態でした。

▼東西分割されるはずではなかったドイツ

一方、欧州では悲劇が生まれました。ドイツが東西に分割されたのです。

ナチス・ドイツが降伏した後、西半分は、米、英、仏が分割して占領。東半分はソ連が占領しました。

さらに首都ベルリンは共同管理されることになりました。ベルリンはソ連支配下のドイツ東部にありましたが、西ベルリンは米、英、仏が、東ベルリンはソ連が管理しました。

ヤルタ会談の合意にもとづけば、ドイツは統一国家として独立が認められるはずでしたが、**強大なドイツの復活を恐れたソ連は**、**ドイツを分割し**、**東ドイツを傀儡《かいらい》国家に**仕立て上げます。これもスターリンの異常な恐怖心の故でした。

こうなると、西ベルリンが微妙な立場になります。東ドイツの中に、まるで孤島のように浮かぶベルリンの西側半分は、米、英、仏が管理していたのですから。

やがて、紙幣の発行をめぐり、対立が始まります。ソ連が、ナチス・ドイツ時代の紙幣の印刷機を没収し、占領に必要な紙幣を大量に発行し始めたからです。これに対抗して、1948年6月、米国などが、ドイツ西部と西ベルリンで独自の通貨を発行します。

これに怒ったソ連は、西ベルリンを封鎖します。それまで西ベルリンには西ドイツ側から鉄道や高速道路（アウトバーン）を使って入れたのですが、ソ連はこれを封鎖したのです。

文字通り陸の孤島になった西ベルリン。**米国は、225万人の西ベルリン市民を救う大作戦**を展開させます。西ベルリン内の空港を急いで整備し、西ドイツ側から輸送機を1分おきに飛ばして生活物資を輸送するという一大作戦でした。

これが11カ月間続いた後、ソ連は封鎖を解除しました。西ベルリンは守られたのです。

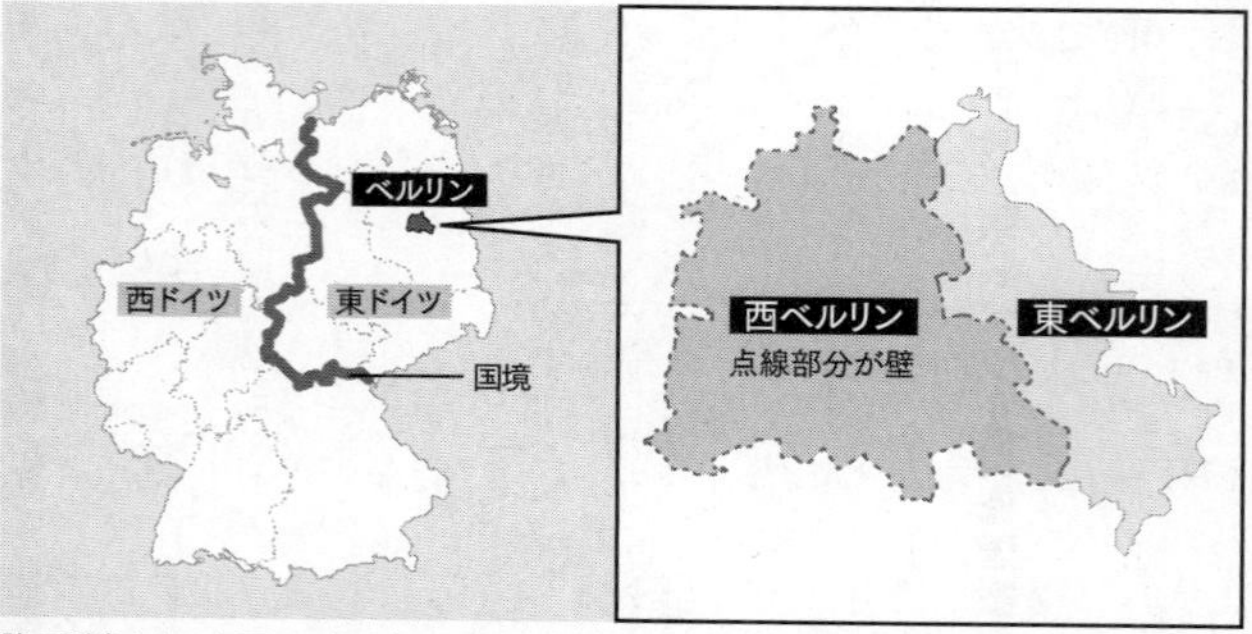

陸の孤島となった西ベルリン市。ベルリンは東ドイツの中にあり、東西に分断されていた。西ベルリンの周囲を取り囲んでいたのが「壁」。

▼「ベルリンの壁」が建設された

　これ以降、東ドイツと東ベルリンでは、ソ連式の社会主義の施行が始まります。企業は国有化され、商売の自由は縮小。政権を批判する者は逮捕され、言論の自由が失われていきます。

　これに嫌気がさした東ドイツ国民や東ベルリン市民は、西ベルリン側に逃げ込みます。

　これに怒った東ドイツは、1961年8月、ベルリンの壁の建設を始めます。それまでは自由に行き来できた東西の境に鉄条網を張り、やがてコンクリートの壁にしていきます。最終的には、壁は全長155キロメートルに達しました。壁から内側には100メートルの分離帯を作りました。壁を乗り越えて西側に亡命しようとする人物は、隠れる場所のない100メート

ベルリンの壁

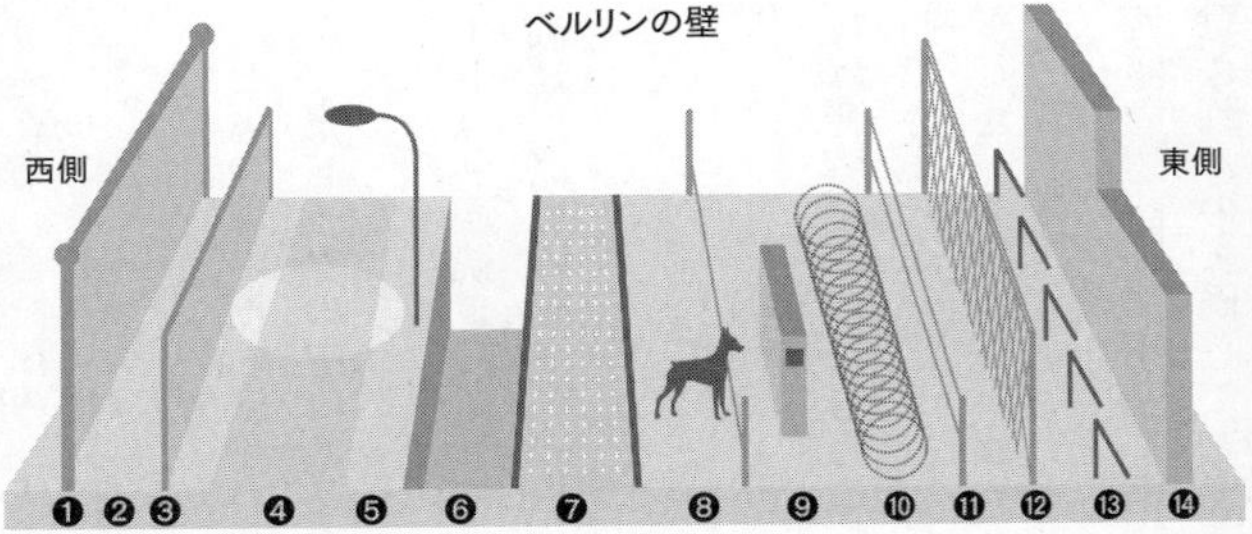

ベルリンの壁は「壁」ではなかった
❶西側のコンクリートの壁　❷開口部分　❸音や光を探知するフェンス　❹パトロール用の舗装道路　❺街灯　❻幅3.5mの溝　❼砂地　❽番犬。リードの長いリールが付けられ、自由に移動できる　❾バンカー　❿鉄条網　⓫亡命者を探知するケーブル　⓬高さ2mの金網　⓭杭が設置された地面　⓮高さ3.4mのコンクリートの壁

ルの分離帯を走り抜けなければなりません。壁を乗り越えることを試みた人たちは、その場で射殺。ベルリンの壁が存在している間に、計２３９人が射殺される悲劇が生まれました。

ベルリンの壁が、東西ドイツを分断するものだったと思っていた人は多いのではないかな？　やっぱり多いね。でも、そうではありません。**東ドイツの中にある西ベルリンの周りをぐるりと取り巻く壁だったのです。**

ただし、西ドイツ側から鉄道と高速道路で入るルートは引き続き存在していました。東ドイツ国内では鉄道は停車することが許されず、高速道路も隔絶されていました。

▼ＮＡＴＯ軍とワルシャワ条約機構軍

西欧諸国にとって、強大なソ連とその衛星国の存在は脅威でした。もし攻撃を受けたら、ひとつひとつの国は小さく、とても自力では防衛できません。そこで、米国や英国を巻き込んでの集団防衛体制を構築することになりました。**集団的自衛権**にもとづく組織。それが、**北大西洋条約機構（ＮＡＴＯ）**です。

欧州大陸の西側諸国と米国、英国、カナダの北大西洋周辺諸国が集団を組織し、もし１つの国でも攻撃を受けたら、他の国も、自国が攻撃されたのと同じことであると考え、一緒になって反撃する。これが集団防衛体制です。

これにもとづき、米軍基地が西欧諸国に建設されました。

これに対して、ソ連や東欧諸国も危機感を抱きます。米国や西ドイツなどが東欧に介入してくるのではないかとの警戒感です。そこで、NATOに対抗し、同じような集団防衛体制を築きます。それが**ワルシャワ条約機構**です。ポーランドの首都ワルシャワで結ばれた条約なので、この名前があります。

NATO軍対ワルシャワ条約機構軍。欧州は、この2つの軍事組織がにらみ合う状態が続くのです。

その後、チェコスロバキアで民主化運動が高まると、ワルシャワ条約機構軍の戦車が、これを弾圧します。ワルシャワ条約機構軍は、

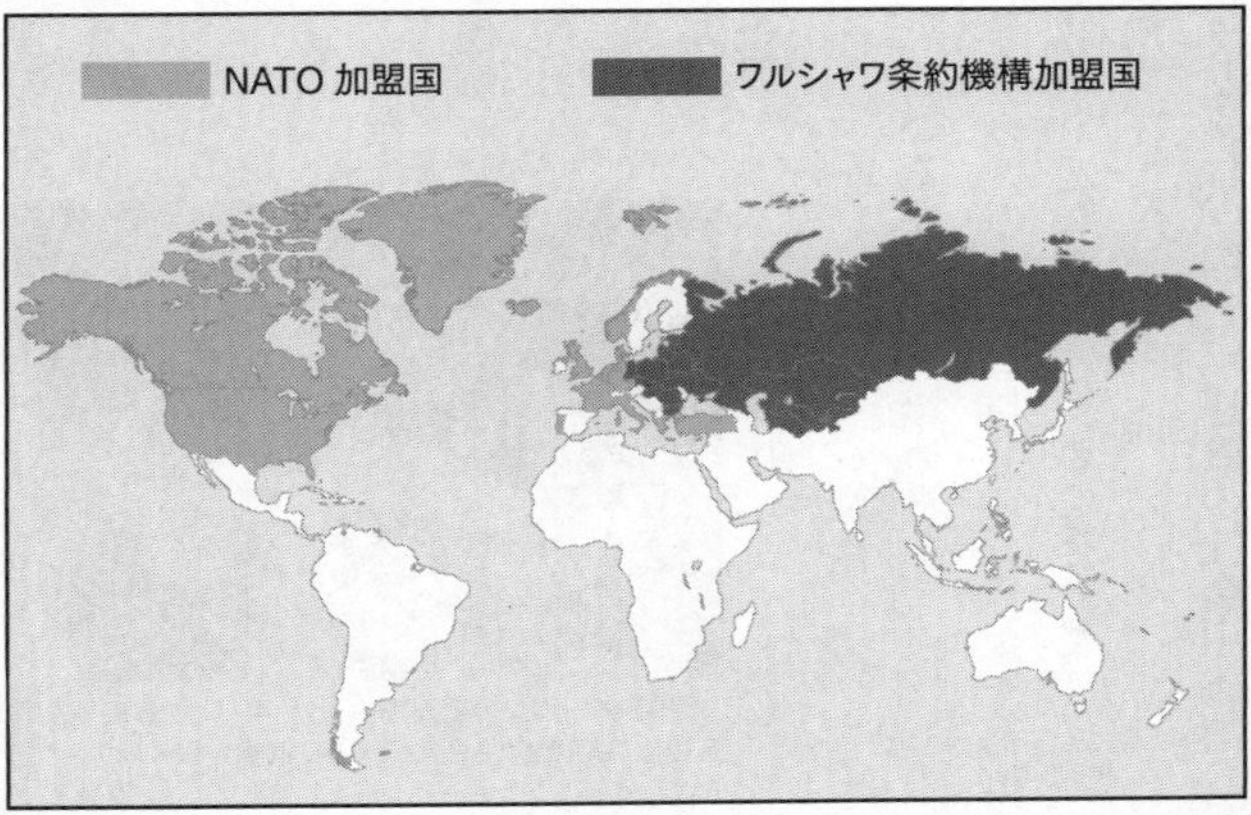

NATO軍に対抗する組織であるだけでなく、ソ連の指示に従わない**東欧諸国に対する抑圧機関**の役割も担うようになったのです。

▼「ベルリンの壁」が崩壊した

東西冷戦のシンボル「ベルリンの壁」。それが崩壊したのは、東欧のハンガリーの民主化がきっかけでした。

1985年、ソ連共産党書記長に選出されたゴルバチョフは、自国の改革を進める一方、東欧諸国の民主化を容認する姿勢を打ち出します。

それまでソ連の弾圧を恐れていた東欧諸国は、恐る恐る民主化を始めます。

1988年に発足したハンガリーの新政権は、オーストリアとの国境の鉄条網を撤去しました。それまでハンガリーは、自国民がオーストリアに亡命するのを恐れて、国境警備を厳しくしていたのですが、これを緩めたのです。

その一方、東ドイツとチェコスロバキア、ハンガリーは、同じソ連圏の社会主義国と

1989年、ベルリンの壁が崩壊した。東ドイツ政府が国境を開放した後の11月10日未明、東側からベルリンの壁をよじ登る市民たち。

して行き来が自由にできたため、多くの東ドイツ国民が、チェコスロバキアからハンガリーを通って、オーストリアへ逃げ出します。オーストリアに入れば、西ドイツへ行くことは容易でした。

つまり、**東ドイツ国民や東ベルリン市民は、他の社会主義国を経由して西ドイツに亡命**できるようになったのです。

この流れに抗しきれず、東ドイツ政府は1989年11月、ついにベルリンの壁を開放。東西ベルリン市民が自由に行き来できるようになったのです。

そうなれば、多くの東ドイツ国民が西側に逃げ出します。東ドイツは、国家としての存続が危ぶまれる状態となり、1990年10月、東ドイツは西ドイツに編入されて消滅してしまいます。統一ドイツの成立です。東西冷戦のシンボルが消えたのです。

▼ソ連、74年目の崩壊

一方、ソ連本国でも民主化が進んだ結果、国内は混乱します。これに危機感を抱いた守旧派の共産党幹部が、1991年8月にクーデターを企てますが、失敗。ソ連共産党は活動を停止させられます。

これを契機にソ連は崩壊の道をたどり、1991年12月25日、ソ連の大統領になっていたゴルバチョフが大統領を辞任。ソ連を構成していた共和国が一斉に主権国家として独立し、ソ連は崩壊しました。

1917年にロシア革命で世界最初の社会主義国として誕生したソ連は、74年の歴史に幕を下ろしたのです。

国家としてのソ連はロシアが継承しました。ワルシャワ条約機構も、1991年7月に廃止されました。

「ベルリンの壁」崩壊20年の記念行事に出席した(前列左から)ゴルバチョフ元ソ連大統領、ブッシュ(父)元米大統領、コール元ドイツ首相ら。

▼電波が国境を越えた

東欧諸国の民主化に際しては、「電波が国境を越えた」と称されました。**衛星放送が始まったことで、ベルリンの壁に隔てられていた東ドイツ国民も、西ドイツの放送を受信**できるようになりました。その結果、それまでの社会主義政権下で実施されていた厳しい情報統制に穴が開きます。西側諸国の豊かな生活を映像で確認し、自由な言論に憧れます。

人々は、「社会主義は素晴らしい、西側諸国は貧困にあえいでいる」という政府のウソに気づきます。これが民主化運動へとつながっていったのです。

ベルリンに残る全長1.3キロの「壁」を覗く老夫婦。壁画が描かれ「イーストサイド・ギャラリー」として観光名所になった。

coffee break

なぜ、学校では現代史をほとんど教えないのだと思いますか？

以前、必修科目であるはずの世界史を教えていない高校が全国で発覚して問題になりました。これは大学受験のために不要な科目を避けさせたからでした。

世界史の授業は古代文明から始まるので、3学期になっても現代史まで終わらなかったよ、という人も多いかもしれません。

もうひとつの理由は、教科書です。教科書には、多くの研究者が議論を繰り返して「定説」とされたことしか載せられません。現代史、なかでも冷戦後の20年あまりの出来事は、定説になるにはまだ時間がかかるのです。

大学は、文系理系を問わず、議論中の最先端の問題を考える場所ですから、生々しい現代史も教えられます。ただし、東工大の学生たちには「池上の話は正しいのか？」と批判的に聞く姿勢を忘れるな、と伝えています。

Lecture 2

ソ連崩壊

プーチンはスターリンの再来なのか

東西冷戦は、米国を中心とする西側諸国と、ソ連を中心とする東側諸国との対立でした。

そのソ連は、もはや存在しません。このため、冷戦といっても学生にはピンと来ない話でしょう。そこで今回は、ソ連がどんな国だったのかを解説します。

▼「ソビエト」が目指した理想

まず**「ソビエト」とは「評議会」**のことです。ロシア革命の際、革命の中心となったロシア社会民主労働党（のちにソ連共産党に名称変更）が、皇帝や議会に対抗して結成した指導機関のことです。このソビエトが全権力を掌握して革命を成功させたことで、国名に入りました。

建前としては、ロシアを含めて15の共和国が対等な立場で集まって「連邦」を結成した、ということになります。米国が、建国当時13の州が対等な立場で集まって連邦を結成したように。

しかし実態は、ソ連共産党がすべての権力を掌握し、ソ連の中で圧倒的な国土を擁するロシアが上に立つ構造でした。

ソ連がめざした「理想」とは、資本主義に代わる**社会主義***でした。当時の資本主義経済のもとでは、しばしば恐慌が発生し、労働者は悲惨な生活を強いられていました。恐慌が起きるような景気の変動を抑えるため、経済はすべて国家の計画によって運営することにしました。

1997年の革命80周年を祝うロシアにて。赤の広場のレーニン廟前で、スターリンの肖像を掲げ行進する共産党支持者。ソ連崩壊後の混乱期、強い指導者を求める声があがった。

***社会主義**　ドイツの経済学者マルクスは『資本論』で、資本主義の矛盾がやがて労働者の反抗を引き起こし、革命によって社会主義へと発展すると考えた。

民間企業は金儲《もう》けのために労働者を搾取したり、解雇したりすると考え、原則すべての企業を国有化しました。

こうすれば、不況や失業者は一掃されると考えたのです。その上で、国民が平等な社会を建設しようとしました。

これは、「理想」でしたが、理想にとどまりました。実際のソ連は、そうはいかなかったのです。

▼世界初の社会主義が「牢獄」に

ソ連は世界最初の社会主義国でした。ロシア革命が起きると、資本家が多数処刑され、まったく異なる政治・経済体制の国家が生まれたことに、周辺諸国は危機感を抱きます。なんとか国家体制を転覆させたいと考える勢力も生まれます。

ソ連共産党のスターリン書記長は、これに恐怖を感じ、社会主義を推進する上で、「資本主義を宣伝する言論」を禁止します。そればかりでなく、すべての報道機関は、「社会主義の優位性」を宣伝するものになります。

ソ連の体制に抵抗したり、反対したりする個人や勢力は、容赦なく弾圧されました。「理想」の国家を目指したはずの**ソ連は、言論の自由のない、牢獄《ろうごく》のような国家に変質**

していきます。

ロシア革命を指導したレーニン*が死去すると、**スターリン**書記長が後継者になりました。

書記長という職名を聞くと、私たちは「会議の記録係」をイメージしてしまいますが、これは故なきことではありません。**当初のスターリンは、まさに事務方のトップでしかなかった**のです。

その後、他の有力指導者たちとの権力闘争を通じて、スターリンは、すべての情報が集まる書記長のポストを有効に使い、書記長に権力が集中する仕組みに変えていきます。その結果、共産党のトップを書記長と呼ぶようになったのです。

これが中国共産党になりますと、「総書記」という職名になります。

スターリンは本名ではなく、**「鉄の男」を意味するペンネーム**でした。革命運動家が

ヨシフ・スターリン
実はレーニンは遺書に「スターリンはあまりに粗暴である」と書き、書記長交替を提案。だが遺書の開封にはスターリンも立ち会い、握りつぶされた。

***ウラジーミル・レーニン**（1870〜1924）　学者で貴族の父のもとに生まれたが、マルクス思想に触れ革命家となる。名演説家であり世界初の社会主義革命を成功させた。

身分を隠すために活動用の名前を名乗ることはよくあることでした。

スターリンは、その名の通り「強い指導者」として、ソ連を引っ張ります。西側諸国にとって、手ごわい相手でした。

▼スターリンの暗黒時代が暴かれた

しかし、それだけではなかったことが、やがて判明し、世界に衝撃を与えます。

スターリンが死去して3年後の1956年（昭和31年）2月、ソ連共産党第20回大会で**フルシチョフ***第一書記の秘密報告が行われました。スターリン死後、書記長の名前は使われなくなり、後継者のフルシチョフは第一書記の肩書を使用しました。偉大なる「書記長」の名前は使えない、ということだったのでしょうか。北朝鮮の金正日総書記の死後、後継者で息子の金正恩が総書記の肩書を使わずに第一書記の名称を使用したのと同じでした。ソ連では、フルシチョフが失脚した後、次のブレジネフが書記長の名称を復活させます。

このフルシチョフ第一書記の秘密報告により、スターリンの時代が暗黒時代だったことが判明します。

たとえば1934年（昭和9年）のソ連共産党第17回大会で選ばれた中央委員会の委

員と委員候補計139人のうち98人つまり70%が逮捕・銃殺されていました。大会に出席した代議員1956人のうち1108人が逮捕・処刑されていたというのです。いわゆる**粛清**[**]です。驚くべき数字です。

スターリンは疑り深い人物で、周辺の人々を決して信用せず、日常の言動の中に勝手に「陰謀」の臭いを嗅ぎ、「人民の敵」として摘発したのです。

スターリンは、取り調べにあたって拷問をするように指示。拷問に耐えかねて多くの人が「犯行」を認め、処刑されていきました。

スターリン時代、少なくとも800万人が処刑されたり強制収容所に入れられたりしたと見られています。1200万人から1500万人にも上るという推測もあります。粛清は軍隊にも及び、全軍将校の5分の1の数千人が処刑されました。第2次世界大戦が始まり、ドイツ軍がソ連に侵攻すると、ソ連軍は当初、総崩れになります。有能な将校たちがいなくなっていたからです。

***ニキータ・フルシチョフ（1894～1971）** 小学校に2年通い炭鉱労働者に。労働運動からロシア共産党に入り、革命後は順調に出世した。激情家で、国内外で暴言を繰り返し、失脚。その怒りで、回想録をアメリカで出版した。

****粛清** 対象は政党幹部だけでなく、作家ゴーリキーや俳優メイエルホリドら文化人、市民にも及んだ。この実態を『収容所群島』に書いたソルジェニーツィンはノーベル文学賞を受賞。

▼スターリンの農業集団化が大失敗

スターリンは、無実の人を粛清しただけではありません。ソ連の農業を崩壊させたのです。

ソ連では1929年（昭和4年）からスターリンによる農業集団化が実施されます。ソ連は「労働者の国家」。労働者は、生産手段を持っていません。生産手段を持っているのは資本家（ブルジョアジー）であり、労働者の敵だという考え方です。資本家の生産手段を国家が取り上げるのが国有化です。

では、農民はどうなのか。当時のロシアの農民は、広い農地を持っている大規模農家と、その下で農地を借りて農業を営む小作農に分かれていました。農民にとって農地は生産手段です。そこで、農地は国有化されたり、集団農場に集約されたりしました。

その上で、生産手段を有する大規模農家は「富農（ブルジョアジー）」、富農に搾取されて働く小作農は「貧農」に分類しました。この分類にもとづき、富農は容赦なく処刑されました。「人民の敵」というわけです。**富農とレッテルを貼られた900万人が農地を追われ、うち半数が処刑されました。**

人民の敵の扱いを受けた大規模農家の多くは、実は創意工夫により農地を拡大してきた篤農家でした。スターリンの農業集団化政策により、ソ連国内から篤農家が一掃されてしまいます。

農家は自然が相手です。嵐が来たり、霜が降りたりしたら、深夜でも早朝でも農地に出て作物を保護するものです。

ところが、農地が集団農場になったことにより、**農民のサラリーマン化**が進みました。それこそ午前9時から午後5時まで働けば、あとは知らない、ということになってしまったのです。

この結果、ソ連全土で農業生産性が劇的に低下しました。「ロシアの穀倉地帯」と呼ばれたウクライナでも飢饉《ききん》が発生したのです。

農業集団化失敗の影響は、ソ連だけではありませんでした。失敗は隠され、農業集団化の成功だけが伝えられますと、「それならわが国でも実行に移そう」という国が出てきます。中国でも毛沢東の下で農地が人民公社に集約されます。「大躍進政策」と呼ばれましたが、躍進するどころか、農業生産性が急降下。1960年（昭和35年）前後の3年間に少なくとも2000万人が餓死したとされています。

中国も、この失敗を隠したため、「成功」と考えた北朝鮮が導入して、やはり大量の餓死者を生みだします。

さらに、独立を果たしたアフリカ諸国の中にも導入した国があり、こうした国々でも農業生産性が落ち、慢性的な飢餓状態が長らく続くことになりました。

スターリンの失敗は、アジアやアフリカに大きな傷跡を残したのです。

▼スターリン批判に毛沢東が怒った

スターリンの生存中、ソ連各地にスターリンの銅像が建てられました。肖像画も氾濫《はんらん》。いわゆる個人崇拝が進みました。

スターリンを賛美する自伝も執筆され、スターリンがいかに偉大な人物であるかとの宣伝が進みました。

スターリンが死去すると、モスクワの赤の広場にあるレーニン廟《びょう》（レーニンの遺体を展示）の横にスターリン廟が設けられ、スターリンの遺体を拝むことができるようになりました。

フルシチョフのスターリン批判の後、スターリン像は撤去され、スターリンの遺体は廟から運び出されて埋葬されました。

ちなみに、中国共産党は「スターリン批判」を認めま

引き倒されたまま放置されているスターリンの像。2009年、ゴーリキー公園にて。

せんでした。スターリンに対する個人崇拝の批判・否定は、中国国内で進んでいる毛沢東への個人崇拝を否定することになると考えられたからです。中国への当てつけだと感じた毛沢東は、ソ連と距離を置くようになり、これ以降、中国とソ連は対立することが多くなり、やがては中ソ対立に発展します。

▼なぜ独裁者が生まれるのか

理想の社会を求めたはずの社会主義国家に独裁者が生まれ、個人崇拝の対象になる。実に皮肉なことです。ところがこれは、ソ連に限ったことではありませんでした。中国の**毛沢東**しかり、北朝鮮の**金日成**と**金正日**しかり、旧ユーゴスラビアの**チトー***しかり、ルーマニアの**チャウシェスク****しかり、アルバニアの**ホッジャ*****しかり。多数の例がありま

***チトー**（1892〜1980）旧ユーゴスラビア終身大統領。スターリンと断絶し、同盟から排除された。

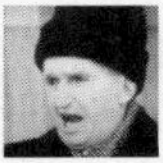

****チャウシェスク**（1918〜1989）ルーマニア共産党で24年間独裁を続け、革命により公開処刑された。

す。どうして、こういうことが起きるのでしょうか。

そこには2つの要素があると思います。「代行主義」と「無謬《むびゅう》神話」です。

共産党組織は、多数の代議員が集まって大会を開き、中央委員会の委員を選出します。しかし、中央委員は多数いるので、日常的な政治判断は、中央委員会の中の政治局が担います。その政治局の中の少数が、密室で判断を下します。実力のあるトップがいれば、周辺の幹部は、トップの判断に従います。こうして独裁的な権力者が生まれやすくなります。

報道の自由はありませんから、判断内容は批判されることなく実行されます。国民の自由な意思で選ばれたわけではない分、引け目がありますから、「卓越した指導者」というキャンペーンを張って、国民を納得させなければなりません。こうして独裁者が誕生します。

党大会→中央委員会→政治局→書記長という、常に**上部が下部の権力を代行するという「代行主義」が、独裁者を生みやすい**のです。

もう一つの「無謬神話」とは、次のような論理です。

マルクス・レーニン主義は科学的社会主義であり、科学的社会主義の党である共産党は、科学的に判断や行動をしているから、常に正しい。指示や命令は科学に基づいているのに、うまくいかないことがあれば、それは党内に陰謀や裏切りがあるからだ。あるいは、敵の策略があるからだ。そうした敵を見つけ出して処分すれば、間違いのない共産党は、再び躍進できる。

つまり、**人民の党は間違えることがない、という「思い込み」**なのです。

▼ハンガリーとチェコスロバキアの悲劇

フルシチョフによるスターリン批判は、極秘のうちに行われました。しかし、党大会には東欧諸国の共産党の代表も出席していましたから、次第に東欧諸国に伝わっていきます。やがて、米中央情報局（CIA）が、報告全文を入手。米国の新聞が報じて、世界に知られるようになりました。

スターリン批判は、東欧諸国の共産党にも衝撃を与えました。スターリン流の厳しい締め付けをしてきた各国共産党は、スターリン流からの脱却（非スターリン化と呼ばれた）を模索します。国民に対する締め付けを緩めるところも出ました。途端に、国民の反乱が起きます。ハンガリーでした。

＊＊ホッジャ（1908〜1985）　アルバニア首相。スターリン死後も礼賛し続け、ソ連と断絶。鎖国状態に。

1956年（昭和31年）10月、ハンガリーで暴動が起きます。ハンガリー共産党の改革を求めた学生・労働者の集会に治安部隊が発砲したためでした。

ハンガリー共産党は改革派のナジ・イムレを首相に任命します。イムレは複数政党制を導入し、ワルシャワ条約機構からの脱退を宣言しました。

これに対してソ連は11月、戦車2500台、装甲車1000台でハンガリーに侵攻します。ハンガリー市民は手製の武器で応戦しました。これが「**ハンガリー動乱**」です。ソ連軍の攻撃で市民3000人が殺害され、20万人が西側に亡命しました。ナジ首相はソ連に逮捕されて処刑されます。

スターリンを批判したソ連共産党は、市民への抑圧をやめたわけではなかったのです。

その後、1968年（昭和43年）の春には、チェコスロバキアの共産党が民主化を進めますが、これに脅威を感じたソ連やポーランド、東ドイツなどのワルシャワ条約機構軍が8月に介入し、改革を押しつぶしました。これは「**プラハの春**」と呼ばれました。

アラブの民主化運動を「アラブの春」と呼ぶのも、「プラハの春」になぞらえているの

「プラハの春」でソ連軍の軍事介入に抗議し、焼身自殺したカレル大学の学生ヤン・パラフの記念碑が、いまも広場に残る。

です。

当時のソ連は**ブレジネフ***書記長でした。彼は、「一国の社会主義の危機は社会主義ブロック全体にとっての危機であり、他の社会主義諸国はそれに無関心ではいられず、全体の利益を守るためであれば、一国の主権は乗り越えられる」という方針を打ち出します。

各国の主権尊重や内政不干渉の原則よりも社会主義体制の防衛を上位に置く考えです。これは「ブレジネフ・ドクトリン」と呼ばれました。

これ以降、東欧諸国は、勝手な改革がまったくできないままになりました。

▼誰も働かず、テレビが火を噴く事態に

社会主義ソ連は、理想の体制を築いたはずだったのに、実際には機能しませんでした。企業はすべて国家のものですから、社員は全員が国家公務員です。倒産の心配はなく、

***レオニード・ブレジネフ**（1907〜1982）　スターリンに次ぐ長期政権を維持し、個人崇拝を強めていった。死後、アンドロポフ、チェルネンコと2人の老人が相次いで書記長になるが死去。ソ連の停滞期が続き、改革の気運が生まれた。

働いても働かなくても給料は同じ。みんな働かなくなります。

計画経済なので、消費者の要求にこたえて新製品が生産・販売されるということがありません。国民が欲しがらない商品が次々に作り出されるという資源の無駄遣いが行われました。

たとえば、国民の生活必需品は低価格で抑えられた結果、パンの値段が牛や豚のエサより安くなり、パンを牛や豚のエサに回すようなことも起きました。

すべて国営企業なので、民間企業同士の競争が起きません。技術進歩がなかったのです。不良品も作りだされ、ソ連末期には、テレビが火を噴く事故が相次ぎました。

こうしたさまざまな問題があっても、報道の自由がないので、社会の問題点が改善されません。共産党幹部すら、ソ連の実態を把握できない状態になっていたのです。

▼ゴルバチョフの改革がはじまった

ここに登場したのが、**ゴルバチョフ**でした。1985年（昭和60年）3月、ゴルバチョフ書記長が誕生します。54歳。高齢者ばかりの政治指導者が続いてきたソ連で、これは画期的なことでした。「このままではいけない」との危機感が、若きリーダーを生み出したのです。

彼は、ソ連の「**ペレストロイカ**[*]」を提唱します。ロシア語で「立て直し」を意味します。

そのために、「**グラスノスチ**[**]（情報公開）」を打ち出しました。秘密主義で言論の自由がなく、国民が国家の問題点に気づかないことを知ったゴルバチョフ書記長は、情報公開によって社会や経済の問題点を国民に知ってもらい、そこから改革を進めようと考えたのです。

外交政策では、「**新思考外交**[***]」を推し進めます。これは、米国など西側諸国との冷戦状態を終わらせようというものでした。これにより、米国との関係改善が進みました。

ミハイル・ゴルバチョフ（1931 〜）
集団農場に生まれ、モスクワ大学に進む。40歳で党中央委員になり、農業担当書記、イデオロギー担当書記と頭角を現した。
ゴルバチョフ自身はソ連の「理想」を信じて改革を進めたが、結果的にソ連は崩壊した。西側での愛称は「ゴルビー」。

***ペレストロイカ**　経済改革のため小規模の民間企業を認め、「働いても働かなくても給料は同じ」という欠陥を改めようとした。

****グラスノスチ**　１９８６年のチェルノブイリ原発事故を隠蔽し、被害が拡大。これをきっかけに情報公開へ。

*****新思考外交**　軍拡競争を続ける経済的余力がなく、アメリカのＳＤＩ（戦略防衛構想。人工衛星からレーザーで核ミサイルを撃破する）の前に、核軍縮を決意した。

しかし、ゴルバチョフ書記長の方針は理想主義的すぎて、うまくいきませんでした。たとえば、強い酒の**ウォッカ***を大量に飲む国民が多いため、労働生産性が上がらないと考えたゴルバチョフ書記長は、節酒キャンペーンを展開します。酒類の価格を引き上げたのです。すると、砂糖が店頭から姿を消してしまいます。人々は、自宅で砂糖を使って酒の密造を始めたのです。

酒の代わりに工業用アルコールを飲む人もいて、各地で事故が起きるようになってしまいました。社会のさまざまな矛盾が重なり、人々は飲酒に逃げていたのです。社会体制を変えようとせずに節酒キャンペーンをしても、効果は上がらなかったのです。

その一方、情報公開が進んだ結果、人々は、ソ連がいかに遅れた国であるかを初めて知るようになります。自信を失ったり、国家や共産党への不信感を強めたりする人たちが続出し、ソ連社会は不安定になっていきます。

▼エリツィン、クーデターを抑える

これに危機感を抱いた共産党保守派は、ゴルバチョフ排除に動きます。1991年（平成3年）8月、ゴルバチョフがクリミア半島（当時はソ連の一部）の別荘で静養中、**ソ連政府高官8人がクーデター**を起こしたのです。

このとき、ソ連を構成する共和国のひとつであるロシア共和国は、住民の選挙で選ばれる大統領制を採用していました。ロシアの**エリツィン**大統領は、モスクワ市内で戦車の上に乗り、「クーデター反対」を叫びます。

ここに市民2万人が集まります。クーデター勢力から攻撃を命じられたソ連軍の特殊部隊は命令を拒否。クーデターはあえなく失敗してしまいます。別荘で軟禁されていたゴルバチョフは無事にモスクワに戻りますが、もはや権力はエリツィンに移っていました。

エリツィンはソ連共産党の活動停止を命令。ゴルバチョフは共産党を解散させます。1800万人の党員がいた党が一瞬にして消滅したのです。

ボリス・エリツィン(1931～2007)
ソ連共産党を批判してモスクワ市民の支持を獲得し、「ロシア共和国」議長から、初の直接選挙によって大統領となり地位を固めた。大酒飲みとしても有名だった。

***ウォッカ**　アルコール度数40度以上、無色透明の蒸留酒。販売が規制されると酒税収入が減り、ソ連は深刻な財政難に陥ったほど。

▼ソ連が崩壊

1991年（平成3年）12月、ソ連は崩壊しました。

ソ連を構成していた15の共和国は、それぞれ独立しました。ソ連の財産あるいは外国との条約などはロシア共和国が継承しました。

エリツィン大統領は、経済体制を、社会主義から資本主義へと急激に転換させます。急な転換は大混乱をもたらしました。

また、ソ連崩壊に合わせ、ロシアからの分離独立を求める運動も盛んになります。とりわけカフカス地方のチェチェンが独立に動きますが、これをエリツィン政権は弾圧。激しい紛争になります。

これを力で抑え込んだのが、ウラジーミル・**プーチン**首相でした。エリツィンは、プーチンを高く評価して後継者に指名します。大統領選挙の結果、2000年（平成12年）5月、47歳のプーチン大統領が誕生しました。

ウラジーミル・プーチン（1952～）
レニングラード大学卒。KGB（カーゲーベー、ソ連国家保安委員会）でスパイとして諜報活動に従事した後、政界へ入った。柔道家であり、北方領土問題について「引き分け」「始め」という柔道用語を使って語ったこともある。

▼プーチン長期政権への〝裏ワザ〟

ロシアの大統領任期は、このとき1期4年で連続2期までとなっていました。プーチン大統領は、2期を務め終えた2008年（平成20年）、腹心のメドベージェフ第1副首相を大統領に据え、本人は首相になるという裏ワザを展開。メドベージェフ大統領時代に大統領の任期を6年に延長し、2012年（平成24年）、再び大統領選挙に出て当選を果たします。メドベージェフは首相に就任しました。

これからは1期6年の連続2期までの任期ですから、プーチン時代は、最大12年続くかもしれないのです。

プーチンは、最初の大統領時代、石油や天然ガスを扱うエネルギー企業を国有化し、プーチン政権に批判的な人物を、さまざまな理由をつけて逮捕していきます。

初期の**プーチン時代、国際的な石油価格高騰により、ロシアは財政が豊かになり、**経済が発展します。ロシア国民は、これを「プーチンのおかげ」と受け止めました。

かつてのレーニンやスターリンのような〝強い〟指導者を求めるロシア庶民は、プー

2008年、モスクワの赤の広場近くに設営されたコンサート会場で、聴衆に手を振るプーチン大統領（左）とメドベージェフ第1副首相。

チン大統領を支持しますが、プーチン政権を批判するジャーナリストが次々に殺害されたり、不審な死を迎えたり、という事態が続いています。**まるでスターリン体制の再来のような事態が起きている**ことが危惧されているのです。

コラム
講義の後で

さらに２０１４年３月、ウクライナで親ロシア派の大統領が失脚し、ＥＵよりの政権が誕生すると、プーチン大統領は特殊部隊をクリミア半島に派遣。クリミア半島で住民投票を実施し、多くの住民がロシアへの編入を望んだとして、ロシアに併合してしまいます。

クリミア半島はかつてロシアの一部でしたが、ソ連時代、フルシチョフがロシアからウクライナに所属を変更していました。ソ連時代は問題になりませんでしたが、ソ連が崩壊し、ウクライナが独立すると、クリミア半島はウクライナのものになります。クリミア半島を取り戻したい。これがプーチンの野望でした。プーチンの乱暴な振舞いにアメリカやＥＵ諸国は反発。ロシアとの関係が急激に悪化しました。

Lecture 3

台湾と中国
対立しても尖閣で一致するわけ

▼尖閣めぐるそれぞれの本音

東シナ海の尖閣諸島について、中国と台湾は「自国の領土である」と主張しています。

実は中国の主張には、もうひとつの意味があります。「台湾は中国の領土である」という主張です。

中国政府は、尖閣諸島が台湾に属する島であるという見解を持っています。この点においては、台湾と変わりはありません。

2012年、尖閣諸島の魚釣島に上陸し、台湾の旗を振る香港グループの活動家。

しかし、「台湾は中華人民共和国の一部である」から、尖閣諸島は中国のものである、という論理なのです。

2012年（平成24年）8月、香港の活動家が尖閣諸島に上陸して沖縄県警の警察官に逮捕される事件が起きました。このとき活動家たちは、中国国旗や台湾（中華民国）の旗（青天白日旗）を掲げましたが、中国国内で発行された新聞は、台湾の旗が見られないように写真をトリミングしたり、赤く塗って中国国旗に見えるように細工したりしていました。台湾が独自の主権を主張することを嫌っているのです。

2013年（平成25年）1月には、台湾の遊漁船と海岸巡防署（日本の海上保安庁に該当）の巡視船が尖閣諸島に近づいた際、中国の海洋監視船が接近してきたため、台湾の巡視船は、「ここは中華民国の海域であり、離れてください」と警告したと伝えられ

尖閣諸島をめぐる台湾・中国・日本。

ています。台湾側が、中国の主張や行動に不快感を持っていることが見て取れます。では、中国と台湾は、そもそもどんな関係なのでしょうか。ひとつの国なのか、2つの国なのか、それとも、ひとつの国とひとつの地域なのか。その歴史を知っておきましょう。

▼元植民地でもなぜ「親日」か

かつての台湾は、日本の植民地でした。にもかかわらず、同じく日本の植民地だった**韓国に比べて反日意識が極めて低く、むしろ親日の人が非常に多い**のが特徴です。そこには何があったのでしょうか。

日清戦争*で、中国（当時は清国）に勝った日本は、1895年（明治28年）、「下関条約」によって、台湾を清国から割譲させます。当時の台湾は、人口が少なく産業もなく、清国政府にとっては「未開の地」でした。台湾の割譲は、清国政府にとって、それほどの損失とは考えられなかったのです。

一方、日本にとっては初の海外領土です。当時の日本政府は、台湾の発展に力を入れ

***日清戦争**　1894〜1895。朝鮮半島の支配をめぐり日本と清国が戦った。

ました。優秀な人材を大量に送り込み、「**台湾総督府***」を設置します。日本から派遣された台湾総督が「天皇の名代《みょうだい》」として統治します。

日本による統治には抵抗する住民もいました。日本は軍隊の力で鎮圧します。1万人を超える住民が、日本軍との戦闘で死亡したり、日本軍に捕まって処刑されたりしました。

日本の統治の特徴は、住民の日本人化政策でした。日本語を徹底的に教え込んだのです。台湾の高齢者は日本語を話すことができます。**李《り》登輝《とうき》****元総統も、こうして日本語を習得したひとりです。

その一方で、日本の統治は、台湾の産業発展の基礎も築きました。この点に関して、1997年（平成9年）に発刊された台湾の中学校の歴史教科書『認識台湾』（日本語訳名『台湾を知る』）は、次のように記述しています。

「日本語はかえって、台湾人が近代的知識を吸収するための主要な道具となり、台湾社会の近代化を促進したのである」

「日本植民統治時期には、総督府が有効に熱帯伝染症の防止と治療を行い、公衆衛生を強化し、また交通、産業、教育などを改善したことから、台湾の人口は長期にわたって高い出生率を維持し、死亡率は大幅に低下した」

日本の植民地支配のプラスマイナスを冷静に分析した教科書によって、台湾の人たちは歴史を学んでいます。この点が、**「愛国教育」の名のもとに「反日教育」を進めている中国とは大きく異なるのです。**

▼台湾、中華民国のものに

太平洋戦争で日本が敗北すると、日本は台湾を放棄します。台湾は大陸にあった政権である中華民国に渡されました。

中華民国は**国民党*****の一党独裁でした。国民党の軍隊が台湾に進駐してくると、台湾の

***台湾総督府**　初代総督は樺山資紀海軍大将。作家・白洲正子の祖父にあたる。

****李登輝（1923～）**　日本統治下に生まれ、岩里政男と改名。京都帝国大学農学部から、学徒出陣で日本陸軍へ入隊した。「22歳まで私は日本人だった」と語っている。戦後も親日派であり、訪日時には日本語で講演をおこなう。

*****国民党**　清朝を倒した辛亥革命の後、1912年に孫文らが設立した。党を率い、中華民国初代総統となった蔣介石は中国共産党に敗れ、台湾を新たな拠点とした。日本統治から党支配への変化を、台湾人は「犬が去って豚が来た」と評した。

住民は、驚愕《きょうがく》します。**読み書きのできない兵士が多く、軍も国民党幹部も腐敗**していたからです。日本が残していった公有財産は山分けされ、すべて賄賂がなければ物事が進まない社会になってしまいます。

台湾の住民にとっては、日本という支配者が去った後、大陸から別の支配者がやってきたのです。

当時の中国大陸では、国民党支配に反対する中国共産党との間で内戦が続いていました。国民党政府は生活必需品を台湾で調達し、大陸に送ります。通貨も乱発。台湾では物不足が激しくなり、インフレが進みました。国民党政権になって、生活が苦しくなったのです。

こうした住民の不満が爆発する事件が起きました。１９４７年（昭和22年）の「２・28事件」です。

前日の夕方、台北市内の路上で闇たばこを売っていた女性が、大陸から来たたばこ専売局の取締官に殴られました。近くにいた人たちが怒って取締官を取り囲むと、取締官は銃を発砲。近くにいた男性が死亡しました。殴

蒋介石（1887 ～ 1975）
孫文の後継者として中華民国を統一。台湾に逃れて以降も、「永久総裁」として独裁をおこなった。若き革命家時代、日本に亡命していたこともある。

られた女性もまもなく死亡したのです。

これに怒った住民たちが、翌2月28日に抗議行動を始めると、武装警察官は無差別発砲で応じ、住民3人が死亡しました。これをきっかけに、住民の暴動は全島に拡大します。これが「2・28事件」です。

これに対して、国民党政府は大陸からの応援を要請。3月8日、大陸から駆け付けた国民党軍による大虐殺が始まりました。

どれだけの犠牲が出たのか、長らく不明でしたが、李登輝政権になってから初めて公式の調査が行われ、公式発表で2万8000人が死亡したとされています。ただし、ほかにも行方不明者が多数いて、実数ははるかに多いという見方もあります。

この大虐殺により、日本の植民地時代に教育を受けた知識人多数が殺害されました。戦後の台湾を支える人材が不足することになったのです。

日本に植民地支配されながらも**反日意識が希薄なのは、日本が去った後の国民党統治の残酷さが影響している**とも言えるのです。

▼国民党200万人が台湾に移住

中国大陸での**共産党***との内戦（**国共内戦**）に敗れた国民党は、大陸に逃げ場を失い、国民党が確保していた台湾に逃げ込みます。1949年（昭和24年）10月1日、毛沢東は北京の天安門で中華人民共和国の成立を宣言しますが、このときはまだ内戦が終わっていませんでした。この年の12月、国民党の敗北によって内戦は終結。国民党関係者や中華民国政府幹部、兵士とその家族など計200万人が台湾に移り住みました。

南京が首都だった中華民国は、台湾の台北《タイペイ》を「臨時首都」に定めます。いつかは大陸に攻めのぼることを夢見て。

中国大陸の統一を果たした中国共産党の**毛沢東**は、態勢を立て直して台湾を「解放」しようと考えていましたが、そこに起きたのが**朝鮮戦争**[**]でした。**北朝鮮を支援することになった中国には、台湾を攻撃する余力がありませんでした。**

米国も、中国を牽制するために台湾を守る姿勢を明確にします。台湾への援助を開始し、台湾は救われたのです。

これにより、台湾には2種類の人が存在することになりました。もともと台湾に生まれ育った人たちは「本省《ほんしょう》人」と呼ばれました。「台湾省の人」という意味です。

これに対して、大陸つまり台湾省の外からやっ

毛沢東（1893 〜 1976）
1949年10月、北京・天安門で中華人民共和国の建国を宣言する毛沢東主席。

てきた人たちは、「外省人《がいしょう》」と呼ばれました。

外省人によってひどい目にあった記憶の残る本省人は外省人への不信感を持ち続けます。両派の対立が長く続くことになります。

その一方で、外省人は、よそ者であるがゆえに、台湾の中でのしがらみが薄かったことから、農地改革など利権に切り込む改革が可能になりました。大地主の土地が農民に分け与えられ、自分の土地を持つことができた農民たちの生産意欲は高まり、農業が発展。自由貿易も順調に進んで、台湾はいち早く発展途上国から中進国に達しました。

▼国連から台湾追放で孤立

台湾が経済的に成功する一方、中国は、毛沢東の「大躍進政策」の失敗や文化大革命の混乱などで経済の停滞が続きますが、国際社会での立場は逆転するときが来ました。

1971年（昭和46年）、国連（国際連合）の「中国」の座が、中華民国から中華人

＊共産党　1921年に上海で結成。日中戦争下は、国民党と協力して抗日統一戦線を結成した。日本撤退後の国共内戦で、兵力で勝っていた国民党軍を破り、中国大陸を支配した。
＊＊朝鮮戦争　戦後、南北に分断された朝鮮半島で、1950年に北朝鮮軍が南下して攻撃を始めた。4章参照。

民共和国に入れ替わったのです。

国連が成立したとき、中国といえば中華民国のことでした。国連の安全保障理事会の常任理事国の座も、中華民国が占めていました。

しかし、台湾しか統治していない「中華民国」が中国全土を代表する政府というのは無理がありました。**圧倒的面積と多数の国民を擁する中華人民共和国こそが中国の代表であるという国際世論が醸成され、代表が入れ替わったのです。**

これ以降、中華人民共和国と国交を結ぶ国が増えました。米国や日本も中華人民共和国を選びます。これに対して台湾は、中華人民共和国と国交を結んだ国に国交断絶で応えます。台湾は世界ですっかり孤立してしまったのです。

日本も中華人民共和国を選んだ。
1972年の日中国交回復によって台湾(中華民国政府)との外交関係は消滅した。訪中した田中角栄首相と周恩来首相。

▼台湾の直接選挙に怒りのミサイル

国際的に孤立する中で、台湾は国民党による独裁政権が続いてきました。これも、1

975年（昭和50年）、蔣介石総統が死去すると、次第に民主化への道を歩み始めます。蔣介石なき後、副総統のリリーフを挟んで、1978年（昭和53年）、蔣介石の息子の蔣経国が総統に就任しました。蔣経国総統は、国民党が台湾に逃げ込んできたときから出されていた戒厳令を解除します。さらに、外省人支配が続いてきた中で、自分の後継者に本省人の李登輝を選びました。

1988年（昭和63年）、蔣経国総統が死去し、副総統だった李登輝が総統に就任します。初の本省人のトップ誕生です。

台湾のトップである総統は、それまで総統を選出する「国民大会」によって指名される間接選挙でしたが、李登輝総統は1996年（平成8年）から住民の直接選挙で選ぶ方式に切り替えます。この選挙で李登輝は圧勝。2000年（平成12年）までの4年間の任期を務めました。

台湾の住民が直接選挙で自分たちの代表を選ぶ。このことに中国は神経をとがらせます。**直接選挙で代表を選ぶということは、事実上の国家**です。中国にとってみれば、中国はひとつであり、正統政府は自分たち。**台湾が中国からの独立を図っているように受け止めた**からです。

1996年の選挙のさなか、中国は台湾への警告として、ミサイル演習を実施します。台湾の東と西の海にミサイルを撃ち込みました。さらに台湾海峡の大陸沿岸で大規模な上陸演習を実施しました。「台湾が独立に動くようなことがあれば武力で阻止する」という明白なメッセージでした。

これに対して米国は、2隻の空母を台湾周辺に派遣。中国を牽制しました。

これ以降、**中国は、台湾の独立を武力で阻止するためには、米軍の介入を防がなければならないと考え、海軍力の増強に力を入れます**。独自の空母を持つようになるのです。

▼独立〝宣言〟しない台湾の思惑

台湾の民主化を果たした李登輝総統は、長期政権を維持しようとは考えませんでした。複数政党制を認め、野党も総統選挙に立候補できる体制をつくった上で、2000年(平成12年)の選挙には立候補せずに引退しました。自ら民主化を実践したのです。

後継者選びの総統選挙で、野党の民進党(民主進歩党)の**陳水扁***が当選しました。平和裏に政権交代が実現したのです。

陳水扁総統は2期8年務めました。2008年(平成20年)の選挙では、今度は以前に政権を取っていた国民党の**馬英九****が勝利します。2012年(平成24年)にも再選を果たし、大陸の中国とは異なり、民主主義が定着しています。

台湾は、大陸の中国とは、どのような関係なのか。過去に李登輝総統は、1999年

（平成11年）、ドイツのラジオの取材に対し、「両岸関係（中国と台湾の関係）は特殊な国と国との関係になっており、中央と地方の関係や、ひとつの中国の内部関係でもない。すでに特殊な国と国との関係にあるため、あえて独立を宣言する必要はない」と発言しました。

わざわざ独立を宣言しなくても、台湾は独立している、というわけです。

一方、民進党は「台湾独立」を主張する野党でしたが、陳水扁が政権を取ると、「独立」に関しては口をつぐみました。ことさらに独立を語ると、中国を刺激するというわけです。

これに対して、新たに政権についた国民党の馬英九は、独立を一切口にしません。むしろ「中国はひとつ」という傾向が強く、選挙では「3つの不」（中国と統一しない、台湾独立を宣言しない、武力行使をしない）を掲げました。

*陳水扁（1950〜）　弁護士から政界に入り、台北市長として行政改革を行った。

**馬英九（1950〜）　ハーバード大に留学し法学博士に。法律家として活動後帰国し、国民党で抜擢された。

▼中国の「反国家分裂法」と軍隊

対する中国は、2005年（平成17年）、「反国家分裂法」を制定しました。「国家を分裂させるような動き」（つまり台湾独立）があった場合は、「非平和的な手段を使っても阻止する」と規定しています。

中国の軍隊の名称は「人民解放軍」です。人民を「解放」するための軍隊です。中国には、まだ「解放」すべき人民が残っているというわけです。それが台湾なのです。

現在の馬英九総統は、学生時代、釣魚島（尖閣諸島）が台湾のものであるという運動をしていたことがあり、ときに反日的な言動をのぞかせますが、台湾全体では、親日的な人が多数いることで知られています。東日本大震災では、瞬く間に義援金が集まり、200億円を超える金額が日本に送られました。

戦後、韓国人としての自覚を促すために徹底的な反日教育が施された韓国とは、同じ日本の植民地だった歴史があるにもかかわらず、まったく異なるのです。

2006年、中国の「統一攻勢」に反対する台湾のデモ。中国のミサイルを模したビニール風船を手に、台北を行進した。

台湾には、かつての日本支配に郷愁を持つ高齢者がいる中で、若者たちの間には「哈日族《ハーリーズー》」が存在します。「日本が好きなマニア」という意味です。

日本との間に長い関係の歴史がある台湾。最近は中国との経済関係が緊密化し、経済的に飲み込まれかねない状態になり、中国との関係をどうするか、模索が続いています。

台湾のエバー航空は、哈日族に大人気のキャラクター「キティちゃん」を機体に描き、日本マニアを呼び込んだ。2005年。

Lecture 4

北朝鮮

なぜ核で「一発逆転」を狙うのか

▼アメリカへの「トラウマ」と「アピール」

2013年、北朝鮮が3回目の核実験を行いました。周辺諸国は、あらかじめこれを警戒していました。北朝鮮は、直前にミサイルの発射(北朝鮮は人工衛星発射と主張)に成功していたからです。過去にも、ミサイルを発射すると、それからまもなく核実験をしてきました。それを繰り返すのではないかとみられていたからで

北朝鮮が公開した長距離弾道ミサイルとみられるロケット「銀河3号」。

す。

ミサイルと核実験がセットになって、**「アメリカに到達する核ミサイルを開発しているぞ」とアピール**しているのです。

北朝鮮は、過去に**朝鮮戦争で米軍に手ひどくやられたことがトラウマ**になり、米軍から自国を守ることに力を尽くしてきました。米国にまで届く核ミサイルを保有することで、米軍の攻撃への抑止力を持ち、自国の安全を米国に保証させようという意図を持っているのです。

北朝鮮の危機感は、自らが引き起こした朝鮮戦争のせいなのです。その朝鮮戦争の歴史を見ておきましょう。

▼朝鮮戦争は終わっていない

朝鮮半島は「北緯38度線で分断されている」とよくいわれますが、実は現在は38度線ではありません。地図を見ると、38度線の付近を軍事境界線が走っています。

朝鮮半島が南北に分断されて2つの国家が誕生したときは、まさに38度線で区切られたのですが、その後の朝鮮戦争によって軍事休戦ラインがつくられ、そこを挟んで南北両国がにらみ合っているのです。

この軍事境界線は、陸地では両国が認めていますが、海上に出ると、双方の主張が食い違い、朝鮮半島西方の黄海では両国の軍が交戦する事態もたびたび起きています。まさに朝鮮戦争は終わっていないのです。

では、なぜ朝鮮半島は38度線で分断されたのでしょうか。

軍事境界線を警備する兵士。今も朝鮮戦争は終わっていない。

▼日本の敗北と南北分断

1910年（明治43年）の韓国併合以来、朝鮮半島は日本が支配していました。1945年（昭和20年）、第2次世界大戦で日本が敗北すると、日本は朝鮮半島を放棄します。

日本が無条件降伏する直前の1945年8月、ソ連軍は日ソ中立条約を破って日本への攻撃を開始します。ソ連軍は旧満州から朝鮮半島へと進み、朝鮮半島を占領する勢いを見せました。

これに危機感を抱いたのが米国です。このままでは朝鮮半島全体がソ連の支配下に入ってしまいかねないからでした。当時の米国とソ連は、連合国として同じ陣営にいましたが、米国は、ソ連のスターリンのやり方に不信を募らせつつありました。戦後の世界体制を構築する上で、ソ連の支配地域をこれ以上広げたくなかったのです。

そこで、急遽米軍を朝鮮半島南部に上陸させ、ソ連に対し、北緯38度線を境に北はソ連、南は米国が占領することを提案します。これをスターリンが受け入れました。

当時の国連は、南北が統一して選挙を実施し、統一朝鮮の国家樹立を考えていました。しかし、ソ連は、これに応じません。ソ連は、東欧でソ連寄りの政権を樹立したように、朝鮮半島北部にも自国の言うことを聞く政権をつくりたかったのです。朝鮮半島北部はソ連と直接国境を接しています。自国の安全を考えたスターリンは、国境を接する国は、自国寄りの政権であってほしかったのです。

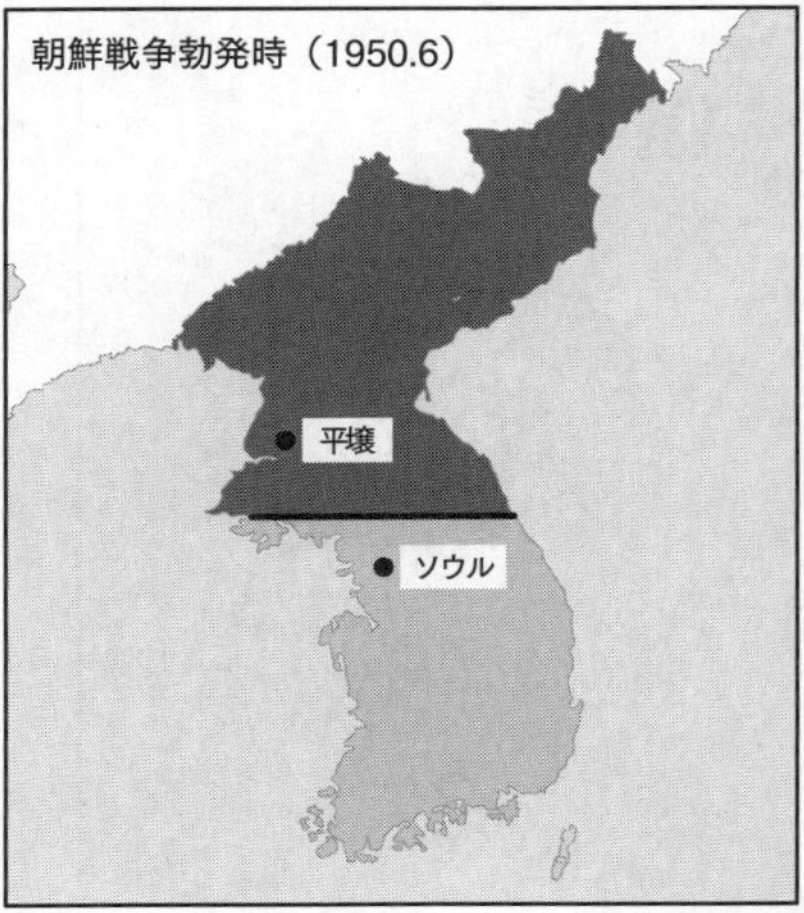

ソ連が総選挙を拒否したため、まずは南だけで総選挙を実施します。これを受けて1

948年（昭和23年）8月15日、**大韓民国**が成立しました。

その翌月の9月9日、北部に**朝鮮民主主義人民共和国**が成立しました。当初は**一時的な分割だったはずが**、**分断が固定化**されてしまったのです。

北緯38度線が、国境となりました。

▼朝鮮戦争は日曜に始まった

1950年（昭和25年）6月25日の日曜日の早朝、突然、北朝鮮の大軍が38度線を突破し、韓国に攻め込みました。朝鮮戦争の始まりです。

それより前、韓国が独立を果たすと、米軍は撤退しました。一方、北朝鮮は、ソ連から戦車を供与されるなど、軍備の充実が進んでいました。北朝鮮の指導者だった**金日成***は、武力で朝鮮半島統一を果たそうと考え、ソ連のスターリン、中

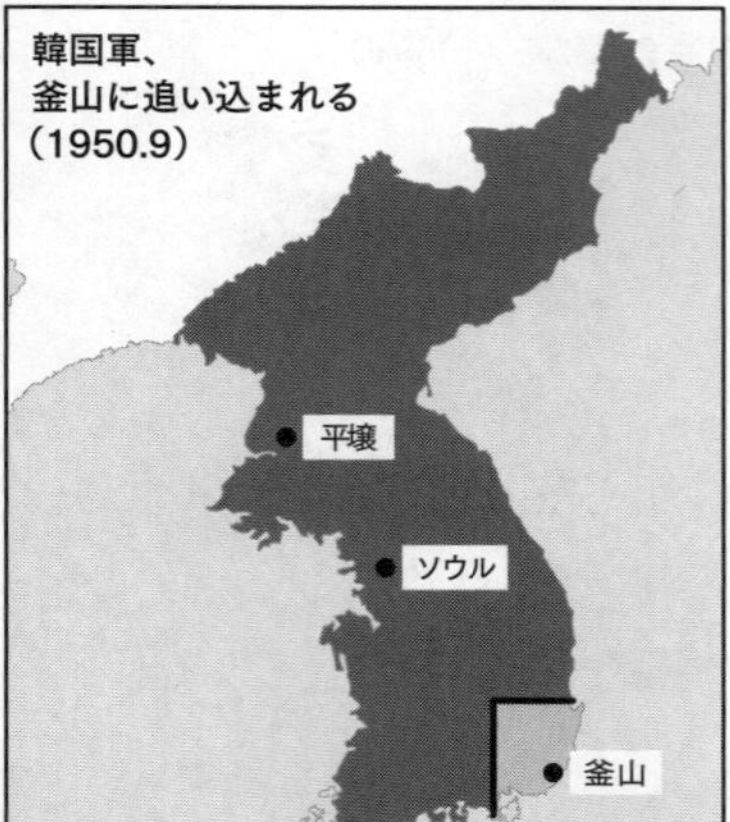

国の毛沢東の許可を取ります。両国の極秘の援助を受けながら、武力統一の試みに踏み切ったのです。

ただし、武力攻撃を正当化するため、「韓国軍が攻撃してきたから反撃する」と宣伝しました。実際には韓国軍は、日曜日とあって、多くの兵士が自宅に戻っていて、とても臨戦態勢にはなっていなかったのですが。

北朝鮮軍による奇襲で韓国軍は苦戦します。あっという間にソウルを占領され、南部の釜山《プサン》を中心とした狭い地域に追い詰められます。韓国存亡の危機に陥るのです。

▼米軍、日本から緊急出兵

ここで、米国が介入します。韓国が独立した後、米軍は一部の軍事顧問が残っただけでした。韓国軍が総崩れになったのを見て、米国のトルーマン大統領は、全面介入を決

＊金日成（1912〜1994）　本名は金成柱（キム・ソンジュ）。旧満州で日本軍へのゲリラ活動中ソ連領に逃げ込み、ソ連軍の朝鮮人部隊で大尉となった。戦後、スターリンの「面接」を受け、北朝鮮のリーダーとして送りこまれる。その際、活動名の金一星（キム・イルソン）から、同じ発音の伝説の将軍「金日成」と名乗り、偽の凱旋をした。

意します。国連の安全保障理事会は、北朝鮮に対して戦争行為の即時中止と撤退を要求する決議を採択しました。さらに国連決議にもとづいて国連の旗を掲げた軍の派遣が決まります。米国を含め計16カ国が軍隊を派遣しました。

国連の安全保障理事会といえば、ソ連が入っています。ソ連は北朝鮮の味方。本来なら国連決議に拒否権を発動するところですが、このときソ連は、安全保障理事会をボイコットしていました。常任理事国の「中国」が台湾で、大陸の中華人民共和国が入っていないことに抗議していたのです。この結果、**韓国に駐留している米軍は、建前としては「国連軍」の一部**です。国連の旗を掲げています。

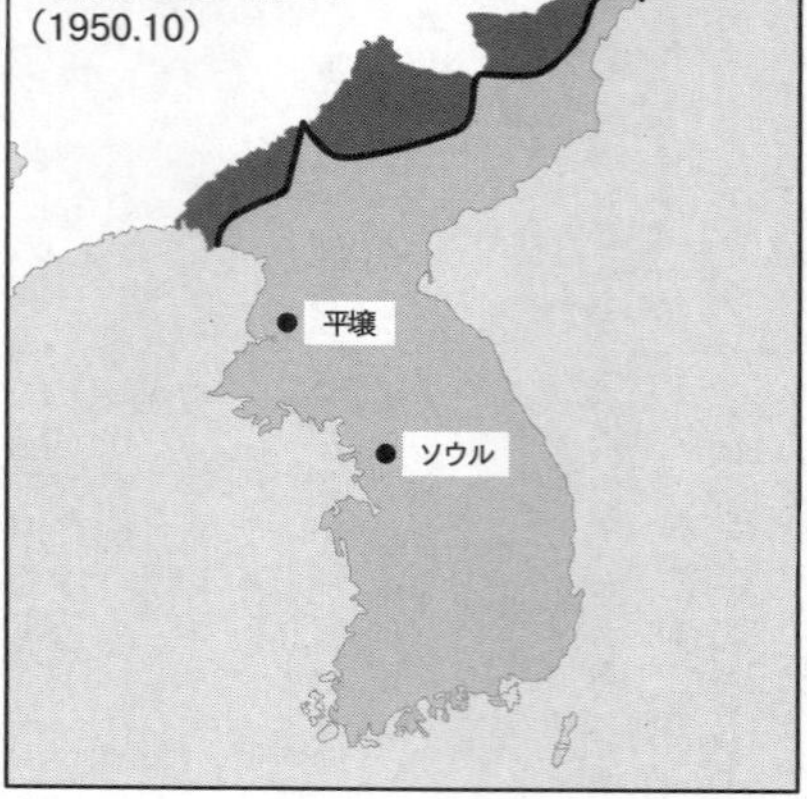

国連軍、韓国軍が北朝鮮を追い詰める（1950.10）

米軍を韓国支援に送ることは急を要しました。米国本土から送るのでは間に合わないため、日本に駐留していた兵士が急遽、朝鮮半島に送り込まれました。国連軍の司令官は、日本に駐留していた**GHQ（連合国軍総司令部）司令官**の*****マッカーサー元帥《げんすい》**が任命されました。

米軍の主力部隊は、プサンを包囲していた北朝鮮軍の背後を突き、韓国西部の仁川《インチョン》に上陸します。インチョンは、いま韓国の仁川空港がある場所です。

背後を突かれ、補給線を断ち切られた北朝鮮軍は混乱に陥ります。北に向かって逃走し、米軍と韓国軍はソウルを奪還。さらに38度線を越えて追撃しました。

この年の10月、米軍と韓国軍はついに北朝鮮の首都である平壌《ピョンヤン》を陥落させ、さらに北へ進撃しました。北朝鮮軍は中国国境に追い詰められます。今度は北朝鮮が存亡の危機を迎えました。北朝鮮にとっては、このときの悪夢が大きなトラウマになっているのです。

▼中国が介入、毛沢東の息子も戦死

ここで、中国が介入しました。中国の毛沢東は、北朝鮮の崩壊を恐れました。北朝鮮

*ダグラス・マッカーサー（1880～1964）　アメリカ陸軍の総司令官として太平洋で日本と戦い、戦後は占領軍総司令官。朝鮮戦争での行き過ぎで解任され、「老兵は死なず、ただ消え去るのみ」という退任演説をした。

が崩壊したら、朝鮮半島は韓国によって統一されてしまいます。東西冷戦下、中国と敵対する米国の同盟国と国境を接することは安全保障上の悪夢だったからです。

ただし、中国の正規軍である人民解放軍が戦争に参加すると、米国との全面戦争になりかねません。それを避けるため、政治的な配慮から、「義勇軍」の名で介入しました。「友人の危機を見てボランティアが助けに駆け付けた」という形をとったのですが、実態は正規軍でした。朝鮮戦争全体を通じて参戦した中国軍兵士の数は総勢350万人に上りました。

義勇軍には毛沢東の息子の一人も参加し、戦死しています。**中国にとっては、多大な犠牲を払って守った北朝鮮。おいそれとは手放したくありません。北朝鮮が崩壊しては困るのです。**北朝鮮のさまざまな暴挙を中国がかばうのには、こうした歴史的背景があります。

中国軍の介入で、米軍は総崩れ。ピョンヤンを放棄して南へ逃れ、再びソウルまで失います。ところが、中国軍の補給線が伸びきって進軍のペースが落ちたところで態勢を立て直して反撃します。なんとかソウルを奪還し、戦線は膠着《こうちゃく》状態となりました。

朝鮮戦争には、中国軍ばかりでなく、ソ連軍も一部参戦していました。この戦争では史上初のジェット機同士の空中戦が行われたのですが、北朝鮮のジェット戦闘機を操縦していたのは、北朝鮮軍の服を着たソ連軍パイロットだったのです。これが判明するのは、ずっと後になってからのことでしたが。

▼マッカーサー、原爆使用を計画

戦線が膠着したことで、マッカーサー元帥は、**中国軍に対する原爆の使用**を計画。トルーマン大統領の許可を求めます。この暴走ぶりに驚いたトルーマン大統領は、1951年（昭和26年）4月、**マッカーサーを解任**します。戦争の真っ最中での最高司令官の解任という異常な事態でした。広島、長崎での大きな被害が明らかになった後は、原爆は実戦で使える兵器ではなくなっていたのです。

核戦争の危機は避けられたものの、通常兵器での戦いは一進一退を重ね、双方とも犠牲者ばかりが増えていきます。

1951年から休戦に向けての会談が

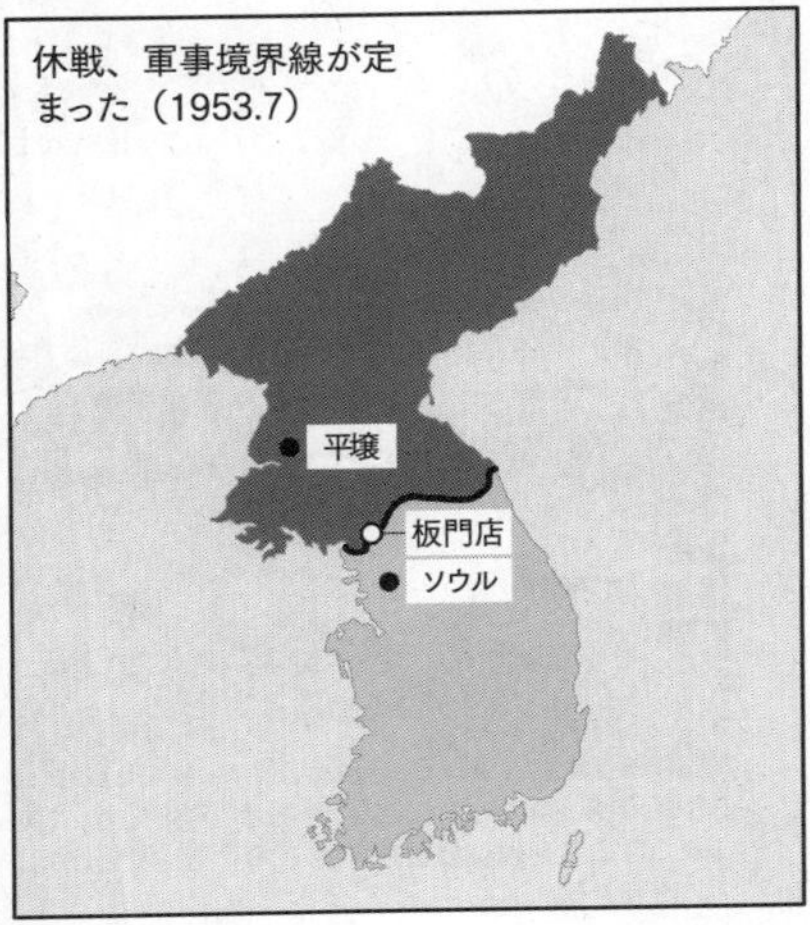

休戦、軍事境界線が定まった（1953.7）

始まりますが、協議は難航。結局、休戦協定が結ばれたのは、1953年（昭和28年）7月のことでした。

休戦協定が結ばれた場所は**板門店**《パンムンジョム》。以後、南北の軍事衝突など問題が生じたときは、このパンムンジョムで協議が行われることになっています。

南北の境は、38度線ではなく、膠着した戦線が、そのまま**軍事休戦ライン（軍事境界線）**になりました。ここを挟んで南北それぞれ2キロが非武装地帯になり、両軍の駐留が禁じられました。

同じ民族が殺しあった戦争は、いったん停止しましたが、この戦争によって、兵士や民間人合わせて270万人から360万人もの人が犠牲になったとみられています。

「冷戦」の象徴となった板門店。休戦会談当時、近くにあったたばこ屋を兼ねた店を漢字で「板門店」と記したことに由来する。

▼朝鮮戦争が生んだ自衛隊

また、戦争から逃げる過程でバラバラになった離散家族は1000万人に達しました。

朝鮮戦争をきっかけに、日本では**警察予備隊***が結成されました。日本に駐留していた米軍が朝鮮半島に派遣されることになり、米国は、米軍兵士なき後の日本の防衛に危惧を抱きます。それまで日本の非武装化を進めてきた米国ですが、**米軍がいなくなって〝真空〟となった日本にソ連軍が侵攻することを恐れた**のです。兵士は朝鮮半島に派遣されても、家族たちは日本にとどまります。ソ連侵攻は、こうした家族の安全に関わる問題だったからです。

そこで考えられたのが、日本に米軍を補完する役割の軽武装の軍隊を新設することでした。しかし、日本は憲法で軍隊を持つことを禁止しています。そこで、〝軍隊でない軍隊〟の新設を考えます。1950年（昭和25年）7月、GHQは、日本政府に対して「警察予備隊」を創設するように求めます。その数7万5000人でした。日本から朝鮮半島に派遣された米軍兵士と同数でした。

警察予備隊は、次第に兵員や装備を充実させ、保安隊を経て自衛隊に発展します。朝鮮戦争が自衛隊を生んだ、という言い方もできるでしょう。

***警察予備隊**　〝軍隊でない軍隊〟警察予備隊が発足。失業者が溢れる日本では、5倍以上の志願者があった。

▼暗殺・テロ・拉致——その意図は？

朝鮮戦争は、休戦になっただけで、戦争が終わったわけではありません。北朝鮮は、休戦になった後も、韓国の大統領の暗殺を謀《はか》るなど、テロ活動をしばしば展開してきました。

１９６８年（昭和43年）１月には、当時の**朴正煕**《*パク・チョンヒ》大統領の暗殺を狙って、韓国軍の制服を着用した北朝鮮の特殊部隊31人が侵入しました。大統領官邸前まで来たところで、不審に思った警察官と銃撃戦となり、28人が死亡し、１人が逮捕、２人が北へ逃走しました。韓国側は68人が犠牲になりました。朴大統領の娘が、**朴槿恵**《**パク・クネ》現大統領です。

１９８３年（昭和58年）10月には、当時のビルマ（現在のミャンマー）訪問中の**全斗**《***チョン・ドゥ》**煥**《ファン》大統領を狙って、北朝鮮の工作員が爆弾テロを仕掛けますが、大統領の到着が遅れ、大統領は無事でした。しかし、韓国政府幹部17人とビルマ人４人が死亡しました。

１９８７年（昭和62年）11月には、バグダッド発ソウル行きの大韓航空機が空中爆破され、乗員乗客計１１５人全員が死亡しました。爆弾を仕掛けて逃走した**金賢姫**《キム・ヒョンヒ》容疑者が逮捕されたことで、金容疑者に日本語を教えた日本人の存在が明らかになり、**日本人拉致事件**が発覚します。

金賢姫容疑者は、裁判で死刑判決を受けますが、恩赦になりました。

テロ活動ばかりではありません。2010年（平成22年）11月には、韓国の西の海上にある大延坪《テヨンピョン》島に向けて多数の砲弾を発射。韓国軍兵士2人と民間人2人が死亡しました。山火事や住宅の火災も発生し、住民1300人が避難する騒ぎになりました。

韓国国内で騒ぎを引き起こし、国内を不安定にして革命

北朝鮮の砲撃を受け煙を上げる韓国の延坪島を対岸から見詰める人たち。

*朴正熙（1917〜1979）　1961年、クーデターを起こし、63年、大統領に。軍事独裁体制を築くが、側近に暗殺された。

**朴槿恵（1952〜）　2013年、韓国史上初の女性大統領に。

***全斗煥（1931〜）　朴大統領暗殺後の混乱時に軍人として実権掌握し、大統領に。

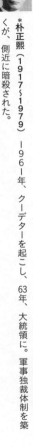

を起こそうとしているのか、大統領の暗殺が目的なのか、軍事的緊張を高めるのが目的なのか、北朝鮮の行動には意図不明なものも多数ありますが、戦争がまだ終わっていないことを痛感させます。

▼金正日から〝三代目〟金正恩に

その北朝鮮で、2011年（平成23年）12月、政治指導者が交代しました。それまでトップに君臨していた金正日総書記が急死し、後任に三男の**金正恩**《キム・ジョンウン》が就任し、第一書記の肩書を持ちました。

金正恩体制になってからの北朝鮮は、基本は金正日の遺志を継ぐという「遺訓政治」が行われています。若くしてトップに立った新しい独裁者の決断に半島の平和が揺れ動いているのです。

ただし、トップが代わったからといって、ミサイル開発や核開発への動きは止まっていません。経済力ですっかり韓国に後れをとった北朝鮮は、通常兵器による軍の

北朝鮮の軍事パレードを観閲する〝三代目〟金正恩氏（右）と、生前の金正日総書記。

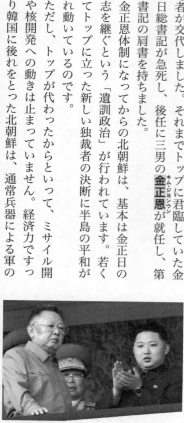

強化に限界を感じ、**核開発で一発逆転**を狙っています。と同時に、米国にまで届くミサイルと、そのミサイルに搭載できる小型の核爆弾の開発によって、米国の関心を自国に向けさせ、自国の体制を認めさせようとしているのです。

ここに、朝鮮戦争で米韓に勝てなかった北朝鮮のトラウマがあります。

コラム

講義の後で

2013年4月には、米軍と韓国軍の合同軍事演習に反発した北朝鮮が、韓国やアメリカ、さらには日本に向けてミサイルを発射する構えを見せて脅迫します。

しかし、アメリカのオバマ政権は、金正恩第一書記による「こっちを向いて！」の歪んだ〝求愛行動〟を相手にせず、北朝鮮のカラ騒ぎに終わりました。

それでも、日本は自衛隊がミサイルの迎撃態勢に入るなど、振り回される結果となりました。

Lecture 5

中東

日本にも飛び火？ イスラエルやシリアの紛争

国際ニュースにしばしば登場するのが中東問題です。中東は石油や天然ガスが大量に出るところだけに、ここで緊張状態が高まりますと、石油や天然ガスの値段が高騰し、私たちの暮らしに直接影響が出ることがあります。

中東は、日本列島からは遠いけれど、私たちの暮らしからは遠くないのです。

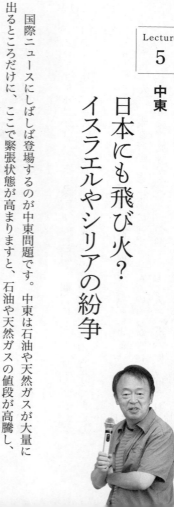

▼中東とはどこか

今回は、そんな中東問題について考えてみましょう。まずは、中東はどこか、という点です。日本から見て中東は西にありますが、「中東」という言葉には「東」が入っています。これは、どういうことだろう？

学生：ヨーロッパから見ての表現だから……。

そう、イギリスから見た言い方なんだね。

かつて世界に広大な植民地を擁した英国にとって、インドが「東」の基準です。インドより東の日本は極東（極端に東）ということになります。これに対して、インドよりは手前にある地域が「中東」（中くらい東）です。

地理的概念でいえば、西アジアが中東地域とほぼ重なります。

ただ、日本でしばしばニュースになる**中東とは、イスラエルとパレスチナ、あるいはその周辺を指すことが多い**ようです。イスラエルの建国により、紛争が多発するようになったからです。

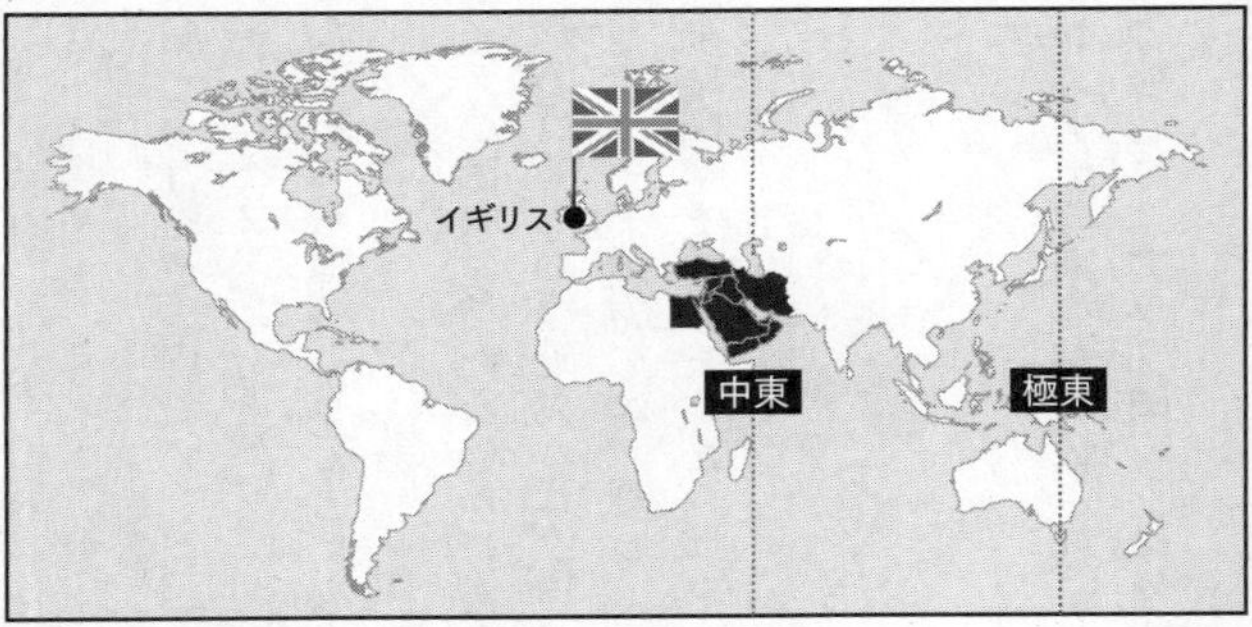

「中東」はイギリスから見た呼び方。

▼イスラエルの建国

イスラエル建国のきっかけは、第2次世界大戦中の欧州での**ユダヤ人**虐殺でした。ナチス・ドイツは、ドイツ国内はもとより、ドイツが占領したオランダやポーランドで「民族浄化」の名のもとに多数のユダヤ人を虐殺しました。その数は600万人にも上りました。

戦後、ユダヤ人たちは、こんな目にあったのは、自分たちの国家を持たないからだと考え、以前からあった**シオニズム運動**(「シオンの丘に帰ろう」という運動。ユダヤ教の神殿があった場所がシオンの丘)を活発化させます。パレスチナ地方のエルサレムに自分たちの国家を建設しようという運動です。これを欧米諸国が支援しました。ユダヤ人の悲惨な運命に同情したからです。

▼イスラエル建国から中東戦争へ

その結果、1947年(昭和22年)11月、国連で「パレスチナ分割」が決議されました。パレスチナの56%の地域に「ユダヤ国家」を、43%の地域に「アラブ国家」の建設を認めるというものです。

ただし、ユダヤ教徒とイスラム教徒の双方にとっての聖地であるエルサレムは「国際管理地区」に指定しました。

この決議にもとづき、1948年（昭和23年）5月14日、イスラエルが建国されました。**「イスラエル」とは、ヘブライ語***で「神の戦士」。**古代にも存在していた国家の名前を復活させたのです。

しかし、周辺のアラブ国家は、これを認めませんでした。イスラエル建国の直後、アラブ連合軍（エジプト、シリア、ヨルダン、レバノン、イラク）がイスラエルを攻撃。中東戦争が始まりました。

その後も戦争が相次ぎ、大きなものだけでも4回の戦争が起きたため、最初のこの戦争は第1次中東戦争と呼ばれます。イスラエルにとっては「独立戦争」でした。

***ユダヤ人**　人種や言語を問わず、ユダヤ教の唯一神ヤハウェを信仰する人々。イスラエル国民として認められるのは「ユダヤ人の母から生まれた人、もしくはユダヤ教に改宗し他の宗教を信じていない人」。

****シオニズム運動**　国家建設だけでなく、ユダヤ文化の再興も目指し、ヘブライ語を復興した。

*****ヘブライ語**　ユダヤ教の聖典『旧約聖書』もヘブライ語で記されている。現在はイスラエルの公用語。

▼混乱は英国の「三枚舌」から始まった

中東情勢がこれほどまでに複雑化した原因は、英国の「三枚舌」にあります。

第1次世界大戦前まで、パレスチナを含むアラブ地方はオスマン帝国の領土でした。第1次大戦が始まると、オスマン帝国はドイツと結び、英国、フランスと敵対します。このため、オスマン帝国の弱体化を狙った英国は、帝国支配下のアラブ人を味方につけようと工作します。イスラム教の聖地メッカを守っていたアラブ人の有力者フセインに対し、自分たちに協力してオスマン帝国と戦えば、戦後、東アラブ地方に「アラブ人の独立国」を作ることを認めると約束しました。これが「マクマホン書簡」です。この交渉の英国側代表者の名前から、こう名づけられました。

英国の約束を信じたフセインは1916年（大正5年）、「**アラブの反乱***」を起こします。

その一方、この地に英国寄りの国家ができれば好都合だと考えた英国のバルフォア外相は、英国のシオニスト（シオニズム運動家）グループの代表に書簡を送り、「パレスチナにユダヤ人のナショナル・ホームを設立することを支持する」と伝えます。「ナショナル・ホーム」とは曖昧な言葉でしたが、ユダヤ人の独立国家建設が認められたと考えたユダヤ人たちは、続々とパレスチナに入植を始めます。

▼英仏の「秘密条約」

ところが英国は、さらにフランスとの間で、オスマン帝国に勝った後の処理について秘密協定を結んでいました。この地域を両国で山分けにしようというものです。これは両国の交渉担当者の名前から**「サイクス・ピコ協定」**と呼ばれます。条約が結ばれたこと自体、秘密にされました。

アラブ人とユダヤ人に、それぞれ独立国家を約束する一方、ひそかにフランスと山分けの約束をする。これが**英国の三枚舌と言われるゆえんです。**

第1次大戦後、戦争に敗れたオスマン帝国の領土は、英国とフランスで分割します。

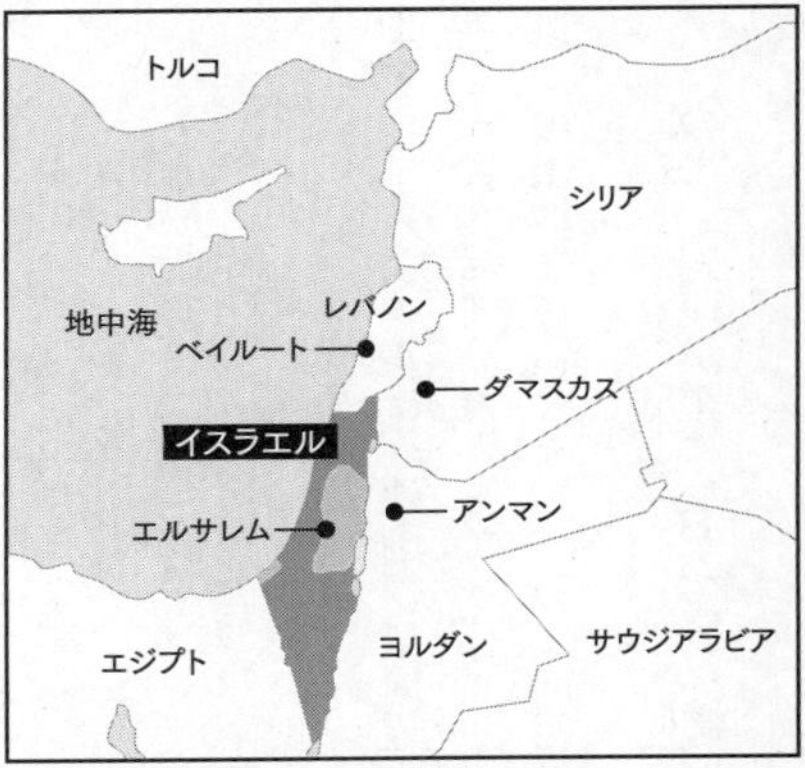

イスラエル（　　：パレスチナ自治政府）

***アラブの反乱**　反乱軍に加わった考古学者でありイギリス軍のロレンス大佐の活躍は、映画『アラビアのロレンス』に描かれた。

英国との約束を信じてアラブ人の独立国家を建設する試みはフランスによって弾圧されました。

これを見た英国は、妥協策として、ヨルダン川東岸に「トランス・ヨルダン」というアラブ国家の設立を認めました。これがいまのヨルダンです。

ヨルダン川の西側＝パレスチナ地方は、英国が引き続き支配しました。しかし、第2次世界大戦が終わると、英国は、もはやパレスチナを維持する力を失っていました。パレスチナから撤退し、後処理は国連に委ねたのです。

こうした行動が、中東に紛争の種を蒔《ま》きました。

▼3分割されたパレスチナ

第1次中東戦争は、イスラエルの勝利に終わります。イスラエルは、建国後に周辺のアラブ国家と戦争になる可能性を考え、周到に軍備を充実させていたからです。

この戦争で、イスラエルは、国連決議が認めた以上の土地を占領します。その面積はパレスチナ全体の77％に上りました。

国連決議にもとづいて建国されたイスラエルだったのに、国連決議に反して広い範囲を支配したのです。

その他の地域は、ヨルダン川西岸地区をヨルダンが、ガザ地区をエジプトが占領しました。国際管理都市に指定されたエルサレムは、西側をイスラエルが、聖地がある東側をヨルダンが占領しました。結果、パレスチナは3分割されたのです。

その後、3回の戦争を経て、イスラエルは、ヨルダン川西岸地区もガザ地区も占領。さらにシリア領のゴラン高原も占領しました。

ヨルダンが支配していた東エルサレムを占領したことで、イスラエルは旧市街地も確保しました。エルサレムを「分割されることのない永遠の首都」と宣言したのです。

ただ、国際社会は、イスラエルのこの行動を国連決議に反したものだと判断し、**エルサレムをイスラエルの首都としては認めていません。**大使館は相手の国の首都に置くものですが、日本を含め各国ともエルサレムには大使館を設置していないのです。**各国の大使館はテルアビブ**にあります。

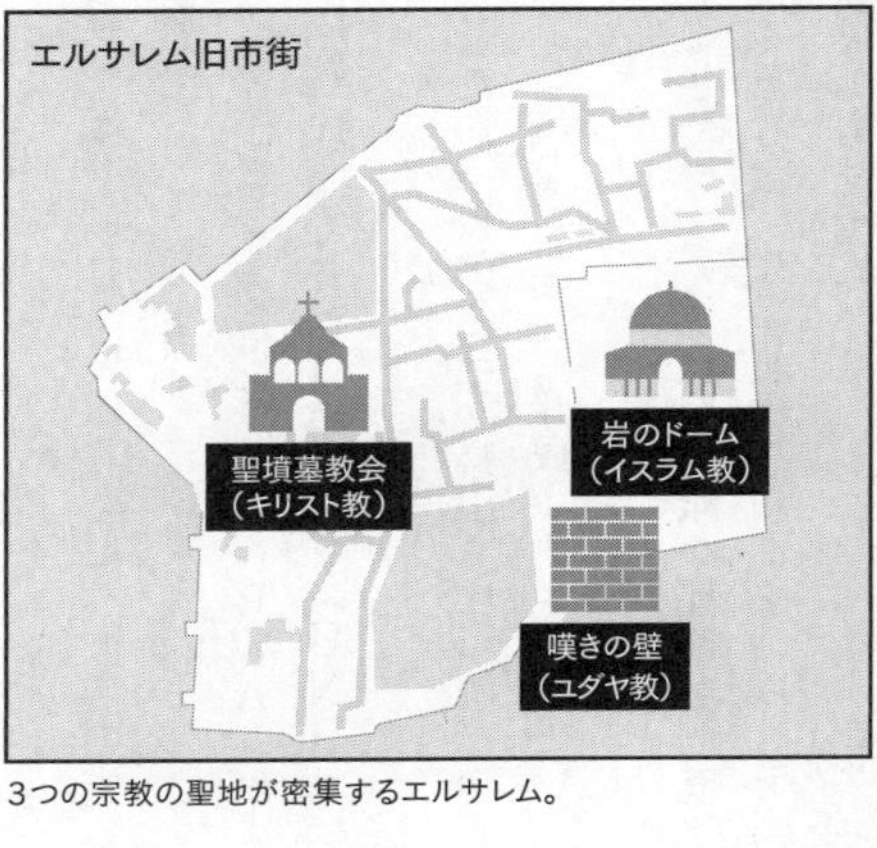

3つの宗教の聖地が密集するエルサレム。

▼パレスチナの独立運動

度重なる戦争によって生まれたのが、パレスチナ難民です。イスラエルの建国によって追われた住民や、戦火から逃れた人々は、ヨルダンやレバノン、シリアに難民となって流入しました。彼らは「パレスチナからの難民」という意味で「パレスチナ難民」と呼ばれました。

民族としてはアラブ人ですが、「パレスチナ難民」と呼ばれているうちに、彼らの中に、**「自分たちはパレスチナ人だ」という意識が醸成**されていきます。

パレスチナ難民の援助のため、「国連パレスチナ難民救済事業機関」(UNRWA)が設立されました。よくニュースに登場する「国連難民高等弁務官事務所」(UNHCR)とは別組織です。

各地に「パレスチナ難民キャンプ」が作られましたが、難民生活が長引くにつれ、テント生活の「キャンプ」は、恒久的な住居に変わっていきます。「難民キャンプ」という名の都市が生まれていくのです。

これまで私はいくつもの難民キャンプを取材しましたが、いずれも立派な都市を形成しています。しかし、あくまで一時的な収容施設であるという建前がありますから、下水道などの整備は行われず、衛生状態は決してよくありません。

難民であるために、その国で就職することはできず、閉ざされた空間で生活する閉塞感に悩まされています。

こうした難民の中から、「パレスチナの独立国家」をめざす運動が始まります。最大の組織は**パレスチナ解放機構（PLO）**で、その指導者は**ヤセル・アラファト***でした。

PLOや、そこから飛び出した過激派組織などは、世界各地でテロ活動を展開。その行動によって、世界の注目を浴びるようになり、悲惨なパレスチナ難民の状態に対する同情も高まります。パレスチナ和平への動きが出るようになるのです。

▼イスラエルとPLOの「握手」

和平交渉の舞台を提供したのは、北欧の国ノルウェーでした。ノーベル平和賞の選考委員会があるノルウェーは、世界各地の紛争解決に努力することが多く、遠く離れた中東での紛争解決にも乗り出したのです。

***ヤセル・アラファト**（1929〜2004）エルサレム生まれ。武力によるパレスチナ解放を目指す「ファタハ」を結成。当初は穏健な組織の連合体だったPLO（パレスチナ解放機構）の議長に就任し、戦闘的に変えた。

こうしてまとまった和平案は、交渉の舞台となったノルウェーの首都の名前をとり、「**オスロ合意**」といいます。1993年（平成5年）9月のことでした。

合意の調印式は、米国のクリントン大統領を保証人として、ホワイトハウスの中庭で行われました。イスラエルのイツハク・ラビン首相と、PLOのアラファト議長が握手を交わしたのです。

まさか、この日が来るとは。当時の私の正直な感想でした。歴史に新たな1ページが加わったと思ったものです。しかし、**いささか過剰な期待だった**ことが、いまになるとわかります。

オスロ合意の中身は、イスラエルが、占領しているヨルダン川西岸地区とガザ地区から順次撤退し、パレスチナ住民による選挙で代表を選出。自治を始める、というものです。

これにもとづいて、1996年（平成8年）1月、パレスチナ住民による選挙が実施されました。国会にあたるパレスチナ立法評議会の議員選挙と、大統領にあたるパレスチナ自治評議会議長の選挙が同時に行われました。

1993年、「オスロ合意」の調印式。クリントン米大統領の前で握手するラビン・イスラエル首相（左）と、PLOのアラファト議長。両者は翌年、ノーベル平和賞を受賞。

その結果、ＰＬＯのアラファト議長が、自治評議会議長に選出されました。それまでイスラエルに対するテロ行為をしていた武装組織は、パレスチナ自治政府の警察に生まれ変わりました。

▼進まぬ和平、自爆テロ

こうして中東和平は進展するかに見えたのですが、そう簡単には進みませんでした。

イスラエルのラビン首相が、１９９５年（平成７年）11月、暗殺されてしまったのです。犯人は、ユダヤ教原理主義者。「ユダヤ人の土地」をパレスチナ人に譲ることは「ユダヤ人に対する裏切り」と考えての暗殺でした。

ラビン亡き後のイスラエルでは、パレスチナ自治政府との和平に消極的な首相が相次いで誕生したこともあり、その後の「パレスチナ国家」建設への動きは足踏み状態となります。

パレスチナ自治区ガザの難民キャンプで、イスラエル軍に爆撃された家屋のがれきに座り込むパレスチナ人女性。

和平の進展がないことに焦燥感を募らせたパレスチナの過激派組織は、イスラエルに対するテロ活動を活発化させます。市街地を走る満員のバスの中やレストランなどで自爆テロを繰り返したのです。

これに怒ったイスラエル政府は、パレスチナ自治区との間に「分離壁」を建設します。パレスチナ側から武装勢力やテロリストが入ってくるのを防ぐため、イスラエルとパレスチナ自治区を遮断してしまったのです。

イスラエルは、これを「フェンス」と称しましたが、コンクリート製の高い壁で、随所に監視塔が建てられました。まるで現代の「ベルリンの壁」状態です。

これまでパレスチナ側からイスラエルに通勤していた住民たちは、壁で遮断されて通行できなくなりました。ただ、分離壁の建設が進むにつれ、イスラエル国内での自爆テロが激減したのも事実です。

▼パレスチナが分裂

中東和平が進展しないまま、2004年（平成16年）11月にはアラファト議長が死去します。後任には穏健派のマフムード・アッバス議長が誕生します。

しかし、故アラファト議長ほどのカリスマ性には欠け、多様な意見を持つ住民たちをまとめていくのに苦労します。

２００６年（平成18年）１月に実施されたパレスチナ立法評議会議員選挙では、**イスラム原理主義**[*]組織の**ハマス（イスラム抵抗運動）**[**]が過半数を獲得。ハマスのイスマイル・ハニヤ首相が誕生しました。

ハマスは、イスラエルの存在を認めない方針をとってきたため、イスラエルも米国も、選挙結果を認めません。そのうちに、パレスチナの中でもイスラエルとの共存を認める穏健派の**ファタハ**[***]との間で対立が発生。ガザ地区では激しい銃撃戦の末、ファタハは追放されます。

それ以降、パレスチナ自治区のうち、ガザ地区はハマス、ヨルダン川西岸地区はファタハが支配するという状態になります。**パレスチナが分裂**してしまったのです。

ハマスが支配するガザ地区からは、イスラエルに向けてロケット弾が撃ち込まれるこ

*__イスラム原理主義__　創始者ムハンマドの時代の伝統的イスラム社会に戻れという思想。そのなかの過激派がテロ活動を行った。

**__ハマス__　正式名「イスラム抵抗運動」のアラビア語の頭文字を並べるとハマスとなり、「熱情」の意味。

***__ファタハ__　正式名「パレスチナ解放運動」のアラビア語頭文字を並べると「ハタフ＝死」に通じるので逆に並べて「ファタハ＝（鍵で）開く」とした。

ともしばしば起きています。

2012年(平成24年)11月には、ガザ地区のハマスの軍事指導者をイスラエル軍がミサイル攻撃で暗殺したことから、ガザ地区から大量のロケット弾がイスラエル側に撃ち込まれました。これに対してイスラエル軍も空爆で報復。ガザ地区の住民に多数の犠牲者が出ました。

この戦闘については、エジプトの当時のモルシ大統領が仲介に入り、ようやく休戦が成立しました。

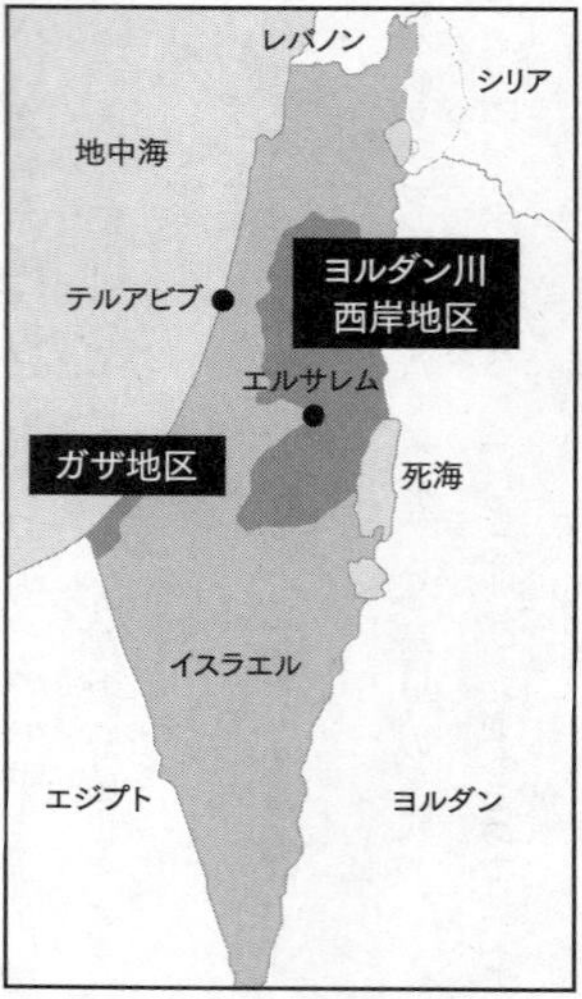

▼パレスチナ格上げに反対した米国

パレスチナ和平は進展しませんが、パレスチナが置かれた立場については、国際社会の同情が高まり、2012年11月29日には、国連総会で、パレスチナの国連での立場を「オブザーバー組織」から「オブザーバー国家」に格上げする決議案を賛成多数で採択しました。

決議は、パレスチナが国家を樹立する権利を再確認し、パレスチナにオブザーバー国家の資格を認めることを明記しました。投票の結果は、日本などの賛成１３８票、イスラエルや米国など反対９票、棄権41票でした。

この決議を受けて、**パレスチナは国連で「国家」としての扱いを受けますが、正式加盟国とは異なります。**これまでもパレスチナは「オブザーバー」として認められていましたので、国連での権限は変わりません。

ただ、今後は、パレスチナが人道に反する罪を裁く国際刑事裁判所（ＩＣＣ）への加盟を申請し、イスラエルを戦争犯罪で訴える可能性は出てきました。

パレスチナは２０１１年（平成23年）、国連に正式加盟を申請しましたが、安全保障理事会で拒否権を持つ米国が反対し、加盟審査は棚上げされています。今回は国連総会での決議のみで決まる「オブザーバー国家」としての承認を目指し、この戦略が功を奏した格好になりました。

これで事態が大きく変わるわけではありませんが、

和平交渉の道のりは遠い。2010年、直接和平交渉のためホワイトハウスを歩くオバマ米大統領（中央）、イスラエルのネタニヤフ首相（左）とパレスチナ自治政府のアッバス大統領。

パレスチナが独立国家をめざす動きを、多くの国家が認めたことは、今後のパレスチナにとって、大きな力になりえます。

▼イラン核問題で高まる緊張

イスラエルをめぐる動きは、パレスチナだけではありません。このところ、イランとの関係もきな臭くなっています。反イスラエル国家であるイランが、核開発を進めている可能性が指摘されているからです。

もしイランが核兵器を保有したら、いつイスラエルを攻撃するかわからない。これがイスラエルの危惧です。このため、イランが核兵器を保有する前に、イスラエルが先制攻撃するのではないかとの懸念が高まりました。

これに対してイランは、「もし攻撃されたらホルムズ海峡を封鎖する」と警告しています。**ホルムズ海峡**は、イランのすぐ南側の狭い海峡。中東から日本に石油を運

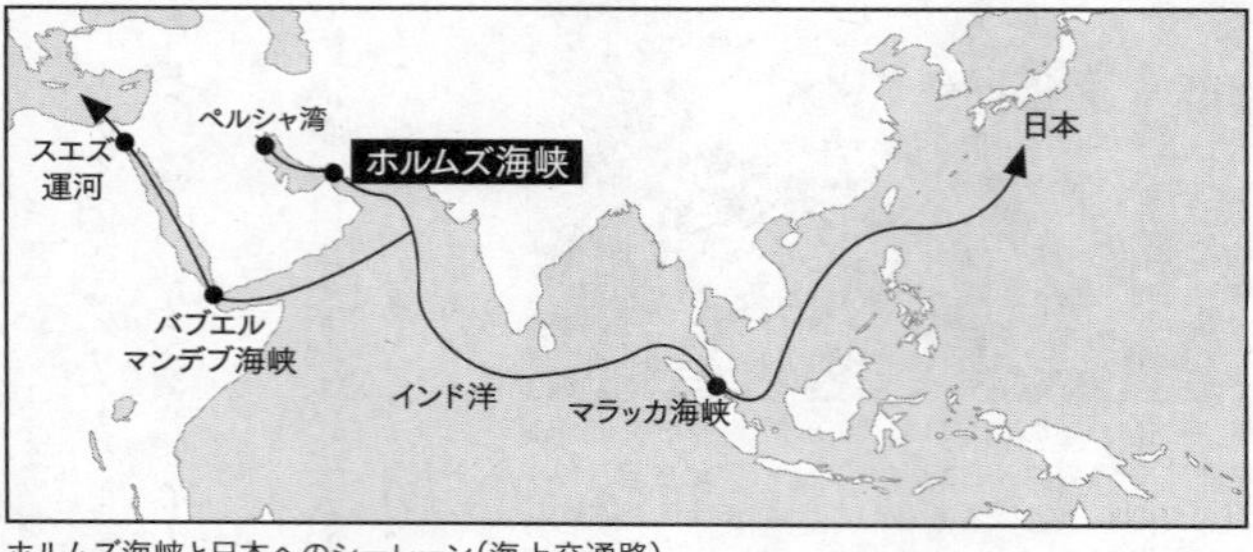

ホルムズ海峡と日本へのシーレーン（海上交通路）。

ぶタンカーの多くが通過します。もしホルムズ海峡が通れなくなったら、日本への石油の輸送の大半が絶たれてしまうのです。

イランの核開発問題は、２０１５年、欧米諸国との間で、核開発を当分の間、凍結することで合意が成立しましたが、イスラエルは警戒を緩めていません。

コラム

講義の後で

中東の中でも、深刻な事態が進行しているのがシリアです。「アラブの春」の民主化運動は、チュニジア、エジプト、リビアで長期独裁政権を倒しました。この流れは、シリアにまで及んだのですが、アサド政権は、民主化運動に真っ向から対決姿勢を見せ、政府軍を使って弾圧に回りました。

アサド政権は、イスラム教シーア派の分派のアラウィ派が中心で、多数派のスンニ派を支配しています。これまで抑圧されてきたスンニ派の人々が、民主化に立ち上がったのです。これに対して、同じシーア派のイランはアサド政権を全面支援。一方、周辺のアラブ諸国のスンニ派の若者たちは、反政府勢力の支援に駆け付けています。

こうした反政府勢力の中で勢力を拡大したのが、自称「イスラム国」（IS）です。シリアからイラクにかけての広い範囲に支配地域を広げ、支配地域内では極端に原理主義的な立場で統治しています。

奴隷制を復活させたり、ローマ時代の貴重な遺跡を破壊したりと、現代とは思えない振る舞いを続けています。ジャーナリストの後藤健二さんら2人も殺害されました。

Lecture 6

キューバ危機
世界が核戦争寸前になった瞬間

▼池上少年も絶望したキューバ危機

世界の反対を押し切って北朝鮮がミサイル発射実験と核実験を強行するなど、「核の脅威」（核戦争の脅威）はいまだに続いています。そんな「核の脅威」を世界の多くの人が最初に感じたのは、いまから50年以上前の出来事でした。

米国の近くのキューバにソ連の核ミサイル基地が建設されていることがわかり、米国はソ連に対してミサイル撤去を要求。キューバにミサイルを運び込むソ連の貨物船を実力で停止させると宣言します。さらにキューバ攻撃の準備も始めました。

もしそんなことになったら、ソ連も黙ってはいません。米ソの核戦争が始まるかもし

れない。日本には米軍基地があるので、ソ連から核ミサイルが飛んでくるだろう。そうなったら、多くの日本人も犠牲になる。**ボクの人生もこれまでか……と、当時小学校6年生の池上少年は絶望的な気分**になったものです。

これが、いわゆる「キューバ危機」というものです。

米ソとも、この経験に学び、核戦争を起こさない仕組みを作るようになっていくのですが、それはまだ先の話。米国とキューバが徹底的に対立するきっかけになったのも、この事件でした。

キューバからは米国全土にミサイルが届く。

▼米国の「裏庭」キューバにソ連ミサイル基地が

1962年（昭和37年）10月14日のことでした。米軍の偵察機が、キューバのミサイル基地を発見したのです。いまのような偵察衛星はない時代。米国は、敵対する国の上空に勝手に偵察機を飛ばしていました。米国にとって、キューバは敵対国家。偵察を怠らなかったのです。

偵察機が上空から撮影した写真を分析した結果、ソ連製の核弾頭搭載可能な中距離ミサイル14基を発見しました。ソ連は、毎年首都モスクワで軍事パレードを実施し、核弾頭搭載可能なミサイルを公開していました。これとそっくりであることが、上空からの写真で判明したのです。核弾頭は未発見でしたが、ソ連から運び込まれれば、いつでも発射可能になります。

当時は東西冷戦時代。**米国にしてみれば、ソ連と対峙《たいじ》しているつもりが、裏側（裏庭）に、ソ連のミサイルが配備**されていたのですから、大きな衝撃でした。

当時のソ連は、米国まで届くミサイルをまだ開発できないでいました。一方、米国はイタリア、トルコに中距離核ミサイルを配備していました。ここからなら、首都モスクワを射程に収めることができたからです。

不利な立場に置かれたソ連は、米国全土を射程に収める場所に位置するキューバに核ミサイル基地の建設を計画。農業技術者を装い、この年の7月に4万3000人の建設労働者や核ミサイルの専門家を送り込んでいました。

▼キューバ攻撃、5つのシナリオ

当時の米国は**ジョン・F・ケネディ**大統領でした。直ちに軍の幹部を招集し、対策を協議します。米軍は、5つの軍事行動シナリオを作成しました。配備されているミサイルだけを攻撃するか、基地を攻撃するか、それともキューバのあらゆる軍事施設を攻撃するか等々でした。

最後のシナリオだと、米軍によるキューバ全面侵攻が続くことになっていました。

もし米軍が、それだけの大規模な軍事行動に出たら、ソ連はどうするのか。米国としては、ソ連軍による西ベルリン攻撃の可能性を覚悟していました。当時のベルリンは東西に分割され、西ベルリンは、ソ連軍が駐留する東ドイツ国内にあったからです。西ベルリンが攻撃を受ければ、米国は反撃します。そうなれば、全面核戦争に発展する可能性まであったのです。

緊迫する中、10月22日、ケネディ大統領は、**キューバの海上封鎖**を発表します。キューバの港に入ろうとする船はすべて**海上で停止させて積み荷をチェック**するというものです。この苦渋の決断は、テレビの通常番組を中断し、緊急生放送として国民に伝えられました。

ジョン・F・ケネディ（1917～1963）
キューバ危機の前年、1961年に就任。43歳と史上最年少、初のカトリック教徒の大統領となる。翌々年、テキサス州ダラスのパレード中に暗殺された。
娘のキャロライン・ケネディが2013年、駐日米国大使に。

これに対して、**ソ連軍は臨戦態勢**に入ります。ソ連が主導する東欧諸国との軍事同盟であるワルシャワ条約機構軍も臨戦態勢をとりました。いつでも西ベルリンに侵攻できる態勢をとったのです。

キューバは総動員令を発します。市民25万人に兵士としての出動命令が下りました。

▼「地球最後の日」が目前に

米ソの核戦争が始まるかもしれない。米国内でも緊張が高まり、一般市民による食料買いだめが始まりました。核シェルターも売れました。核戦争になったら、この中に入って、放射能濃度が下がるのを待つ、というものです。原爆の本当の恐ろしさを知っていれば、こんなものは気休めにしかならないのですが。

小学生だった私が絶望的な気持ちになったのも、この頃でした。

米軍がキューバ封鎖に踏み切ったことに対して、ソ連は封鎖ライン海域に潜水艦を送り込みます。万が一、ソ連の貨物船が米軍の艦船の攻撃を受けるようなことがあれば、潜水艦で攻撃できる態勢をとったのです。

一方、米軍は、ソ連軍の潜水艦を駆逐艦で追跡します。潜水艦が米軍艦船を攻撃することがあれば、直ちに反撃するためです。

大西洋上には核爆弾を搭載した米軍の爆撃機が待機します。海兵隊は、キューバ攻撃の準備を整えていました。

この緊張状態が一段と高まる瞬間がありました。10月27日、キューバ上空を飛行していた米国の偵察機が、キューバ国内に設置されたソ連の地対空ミサイルで撃墜されたのです。キューバにしてみれば、偵察機は領空侵犯したわけですから、撃墜して当然となるのでしょうが、米国にしてみれば、とんだ挑発行為ということになります。

これが**「キューバ危機」**です。世界は核戦争による「地球最後の日」を迎えようとしていたのです。

ケネディ大統領の強硬方針に、ついにソ連が折れました。

10月28日、日曜日、モスクワ放送は、「キューバからの武器の撤去」を発表したのです。それが核弾頭やミサイルだったことには触れませんでした。「キューバ危機」は、米国の勝利に終わりました。

しかし、実は**裏では米国がソ連に妥協**していました。**米国がトルコに配備していたミサイルを撤去することを密約**していたのです。キューバ危機が去った後、米軍はこっそりとトルコからミサイルを撤去しています。

▼反米キューバに米軍基地がある理由

米国の「裏庭」にあたる近距離にあるキューバは反米国家です。それでいて、キューバには米海軍の**グアンタナモ基地**があります。9・11（米同時多発テロ）の後、米軍がアフガニスタンを攻撃し、**タリバンやアルカイダ**のメンバーを捕まえると、このグアンタナモ基地に護送・収容して取り調べました。

米国内に護送すると、米国内の法律が適用され、弁護士がつきますから手荒なまねはできません。でも、**グアンタナモ基地なら米国内ではない**ので、国内の司法手続きに拘束されない。これが米軍の見解でした。

この方針の下、過酷な取り調べ、要するに**拷問が行われた**のです。この様子は2012年に公開された米映画『ゼロ・ダーク・サーティ』でも描かれています。

では、なぜキューバに米軍基地があるのでしょうか。

キューバはかつてスペインの植民地でした。19世紀末、キューバの住民が、スペインからの独立を求めて反乱を起こします。

キューバにある米海軍のグアンタナモ基地。アルカイダへの厳しい取り調べや拷問が行われた。

すると、独立戦争中の1898年（明治31年）、キューバのハバナ港に停泊中の米軍艦船「メイン号」が、謎の爆発を起こして沈没します。これについて米国は、スペインの仕業だとしてスペインに宣戦布告。これが「**米西戦争**」です。

米国は、この戦争でスペインの植民地だったフィリピンとグアムを獲得します。また、キューバの独立を承認しますが、キューバに対して内政干渉の権利を得ます。**「独立を助けてやったのだから、米国の言うことを聞け」**というわけです。グアンタナモに、米海軍基地を設置しました。

これが、いまもキューバに米軍基地が存在する理由です。

▼ドン・キホーテのようなカストロのキューバ革命

米国の〝半植民地〟のような状態の下で、キューバはバティスタ軍事独裁政権が続きました。これに反対して立ち上がったのが、**フィデル・カストロ***だったのです。

カストロは1953年（昭和28年）、わずか100人前後の仲間で、1000人の兵士がいる軍の兵舎を攻撃しました。もちろん失敗。逮捕され懲役15年を言い渡されますが、2年後に恩赦で釈放され、メキシコに亡命しました。

ここでアルゼンチンの革命家**エルネスト・チェ・ゲバラ****と知り合い、終生にわたる友情を築きます。

少々の失敗にへこたれないカストロは、1956年（昭和31年）12月、8人乗りのおんぼろヨット「グランマ号」（おばあちゃん号）に82人が乗って、キューバ上陸に挑みます。

カストロは、キューバ国民の支持が必要だと考え、キューバ上陸を事前に予告していたため、上陸地点にはバティスタ軍が待ち構えていました。激しい銃撃戦の結果、やってきた82人は十数人に減ってしまい、山岳地帯に逃げ込む羽目になりました。

しかし、山岳地帯でゲリラ活動を続けるうちに、支持者が増え、2年後には首都ハバナに突入。1959年（昭和34年）1月1日、バティスタ大統領はドミニカへ亡命し、カストロの革命は成功したのです。このときカストロ32歳でした。これがキューバ革命です。

＊フィデル・カストロ（1926〜）　キューバの革命家・政治家・軍人。フィデルとは「信ずる者」という意味。農園主の家に生まれ、弁護士となり反政府の武力闘争へ。雄弁家で9時間もの演説をしたことも。キューバの特産品、葉巻がトレードマーク。

＊＊エルネスト・チェ・ゲバラ（1928〜1967）　アルゼンチン出身。カストロの闘争に従軍医として参加。ゲリラ戦を指揮し、革命後は大臣に。後にアフリカ・コンゴの反政府闘争を指揮、南米ボリビアの革命を指導中に銃殺された。チェ（＝che）は「やぁ」という呼びかけに由来するあだ名。

まるでドン・キホーテのような行動が革命を成功させたのです。

▼米との対立でソ連急接近

カストロ政権が樹立されると、米国は直ちに承認しました。国民の支持を得ているカストロに期待していたことがわかります。

ところがカストロ政権は、旧政権幹部500人以上を公開処刑してしまいます。国民の信を問う選挙は実施せず、米企業の製糖工場や石油精製工場を国有化します。

これには米国が激怒。キューバとの貿易を停止します。経済制裁の始まりです。

米国によって苦境に立たされた様子を見たソ連は、キューバの砂糖を全量買い付けます。これにより、キューバは急速にソ連に接近します。

いまになってみると、建国当初のキューバは、決して社会主義国家ではなかったのですが、**米国と対立する中でソ連に接近し、結果として社会主義国家に**なっていきます。

米国にとって中南米は自国の「裏庭」。こんなところに反米国家があるのは目障りです。政権転覆を図ります。

1961年（昭和36年）4月、亡命キューバ人1500人が米中央情報局（CIA）の秘密作戦でピッグズ湾に侵攻したのです。カストロ政権に反発して米国に亡命してきた人たちに軍事訓練を施し、ＣＩＡが送り込んだのです。

しかし、キューバ国民は立ち上がりませんでした。送り込まれた亡命キューバ人たちは惨めな敗北を喫します。

それでもＣＩＡはあきらめませんでした。その後も、カストロが吸う葉巻に毒を仕込もうとするなど各種の暗殺作戦を立案しますが、ことごとく失敗してしまいます。さらに、作戦が失敗したことも明らかになるという二重の失敗になってしまいます。

▼キューバ独自の社会主義へ

アメリカと敵対しながら、キューバは、独自の社会主義の道を歩みます。医療や教育の無料化などによって、革命前の貧富の差は解消し、乳児死亡率は急降下。米国より低くなります。

しかし、キューバがこうした社会的サービスを供給できたのは、ソ連という後ろ盾があったからです。ソ連は、砂糖を高く買い付ける一方、石油を国際価格よりはるかに安い値段で供給し

2004年当時のフィデル・カストロ議長。パーキンソン病とアメリカでは報道されたが、カストロは否定した。

ました。

　そのソ連が1991年（平成3年）に崩壊すると、もはやキューバを支援できなくなり、キューバ経済は危機的状況に陥ります。

　そんな経済的苦境の中で、2006年（平成18年）、カストロは病気のため、国家評議会議長（首相職）の権限を暫定的に委譲し、2008年には引退を宣言します。代わって、弟の**ラウル・カストロ**がトップに立ちました。

　ラウル議長は、国民の海外渡航や亡命者の帰国を認めたり、自動車や不動産の売買を自由化したりするなど改革を進めていますが、その反動として格差が拡大しています。

　しかしそのキューバも2015年、アメリカと国交を回復。アメリカは経済制裁の一部を解除しました。大統領在任中に実績を残そうとするオバマ大統領と、苦境からの脱出を模索するキューバのラウル議長の思惑が一致したのです。今後、キューバは大きく変化するかもしれません。

弟のラウル・カストロ（1931 〜）
兄とともにキューバ革命を指導。国防大臣をつとめ、キューバ危機では兄より強硬派だった。

▼核開発競争、世界で激化

キューバ危機で核戦争の恐怖におびえたはずの世界は、その後も核開発競争を続けます。

東西冷戦時代、米ソ両国とも、相手が核兵器で攻撃してくるのを防ごうと考え、報復戦略を立てます。もし攻撃されたら、大量の核兵器で報復し、相手の国を徹底的に破壊する戦略です。これが「核抑止力」の考え方です。これはまた、**「相互確証破壊*」**の理論とも呼ばれました。「どちらが先に攻撃しても、両方とも全滅する」ということを互いに確証することによって、戦争を防ぐという考え方です。「相互確証破壊」の英語の**頭文字を並べると、「MAD」**。偶然にも英語で「狂っていること」を意味する言葉と同じつづりです。**「相互確証破壊」の理論はまさに狂気**としか言いようのない理論でした。

核爆弾を搭載した爆撃機を24時間上空に待機させ、いつでも敵国を爆撃できる態勢をとっていたこともあります。大陸間弾道ミサイルが開発され、いつでも核ミサイルで攻撃できるようになると、飛来してくるミサイルを撃墜する研究も進められました。

陸地にあるミサイル発射基地は、敵から攻撃される可能性が高いですから、潜水艦に

***相互確証破壊**　Mutual Assured Destruction

核ミサイルを搭載させ、世界各地の海底に潜ませます。こうすれば、居所がつかまれません。自国が先制攻撃されたら、潜水艦から報復攻撃できます。これが戦略ミサイル潜水艦です。

一方、相手の戦略ミサイル潜水艦を攻撃する潜水艦も配備されます。これが攻撃型潜水艦です。米国の攻撃型潜水艦は、四六時中、ソ連の戦略ミサイル潜水艦を追尾します。もし核戦争になったら、ソ連の潜水艦が米国に向けてミサイルを発射する前に撃沈するのが米海軍の攻撃型潜水艦の任務でした。

東西冷戦中、双方の潜水艦が世界各地で追跡合戦を展開。北極海で衝突事故を起こすこともありました。

ソ連のSS12ミサイル。中距離核戦力(INF)全廃条約を受け、1988年、廃棄のために公開されたもの。

▼ようやく核兵器削減へ

こうして増え続けた核兵器を削減する動きが始まったのは、1987年(昭和62年)のことでした。「**中距離核戦力(INF)全廃条約**」が米国のレーガン大統領とソ連のゴルバチョフ書記長の間で調印され、翌年発効しました。

これは主に欧州に配備されたミサイルが対象で、両国が自国から相手の国に直接届く核ミサイルに関しては手つかずでした。こうした長距離ミサイルの削減が始まったのは、1991年（平成3年）のことでした。「第1次戦略兵器削減条約（START1）」が結ばれました。その後、ソ連がロシアになってからも交渉は続けられ、両国の核兵器は少しずつ削減されていますが、いまだに大量の核兵器が残っているのです。

ホワイトハウスで中距離核戦力（INF）全廃条約に調印するゴルバチョフ・ソ連書記長（左）とレーガン大統領。この条約によりアメリカはミサイル866発、ソ連は1752発を廃棄した。核兵器の時代が始まって43年目にして初の削減。

▼オバマ大統領の理想と現実

こうした核兵器について、2009年（平成21年）1月に大統領に就任したオバマは、その年の4月、チェコのプラハで演説し、「核廃絶」に言及しました。**「世界で初めて核兵器を使用した国としての責任」**という言い方で、核兵器廃絶に向けて取り組むことを明らかにしたのです。

これにより、オバマ大統領は、この年のノーベル平和賞を受賞しました。

そして２０１０年（平成22年）４月には、米国、ロシア双方とも核弾頭の数を、６０００発から１５５０発に制限すると共に、核弾頭の運搬手段であるミサイルの数を１６００基・機から８００基・機（予備を含む）に制限する新しい戦略核兵器削減条約に調印しました（ＳＴＡＲＴ１は未配備分を含むすべての核弾頭が対象。新条約では「配備された」核弾頭が対象となりました）。

その後、オバマ大統領は２０１３年6月、核弾頭の数をさらに3分の1減らすことをロシアに持ちかける方針を明らかにしましたが、ロシアの反応ははかばかしくありません。核兵器の削減は容易なことではないのです。

米国、ロシア以外にも、イギリス、フランス、中国が核兵器を保有しています。インド、パキスタンも核兵器を保有するに至りました。イスラエルは、核保有を自分から認めてはいませんが、保有していることは公然の秘密です。

2009年4月、チェコの首都プラハで、「米国は核兵器のない世界の平和と安全を追求する」と演説するオバマ米大統領。自分が生きている間には不可能であっても、「我々はできる（Yes, we can）」の精神で取り組むと表明した。

そして北朝鮮の核実験。さらにイランの核開発が明らかになりましたが、こちらは欧米からの圧力によって、核開発が一時棚上げになりました。

50年前の核戦争の危機から、世界は何を学んだのでしょうか。

2010年、核兵器廃絶を求め、広島の原爆慰霊碑に献花するダライ・ラマ14世らノーベル平和賞の歴代受賞者たち。

1945年8月6日、広島に投下された原爆のキノコ雲。日本は世界初で唯一の核兵器被害国となった。

Lecture 7

ベトナム戦争
アメリカ最大最悪のトラウマ

第2次世界大戦後の米国にとって大きなトラウマになっている歴史。それはベトナム戦争です。

首都ワシントンの公園に「ベトナム戦争戦没者慰霊碑」があります。黒御影石でできた慰霊碑は、全長151メートルあります。ここにはベトナム戦争で死亡した米国人の氏名が年代順に刻まれています。その数5万8000人余り。これだけ多くの犠牲を出した

ベトナム戦争戦没者慰霊碑。上から見るとV字になっている。米イェール大生で当時21歳のマヤ・リンがコンペで提案。彼女がアジア系であることや、戦没者を讃える碑文などがないことから、非難もあった。

ベトナム戦争とは、どんなものだったのでしょうか。

それは、簡単に言えば、東西冷戦の中での代理戦争であり、米国社会を大きく変えた出来事だったのです。

▼日本軍がベトナム進駐していた

ベトナムを含む**インドシナ半島**はフランスの植民地でしたが、1940年（昭和15年）9月、日本軍は仏領インドシナつまりベトナムに進駐します。まだ太平洋戦争が始まる前のことです。第2次世界大戦の欧州戦線でフランスがドイツに敗れたことから、ドイツと軍事同盟を結んでいた日本は、ベトナム進出の絶好のチャンスと考えたのです。

というのも、当時の日本は中国大陸で中華民国を相手に**日中戦争***を戦っていたからです。**米国は中華民国を支援**し、ベトナム経由で支援物資を中

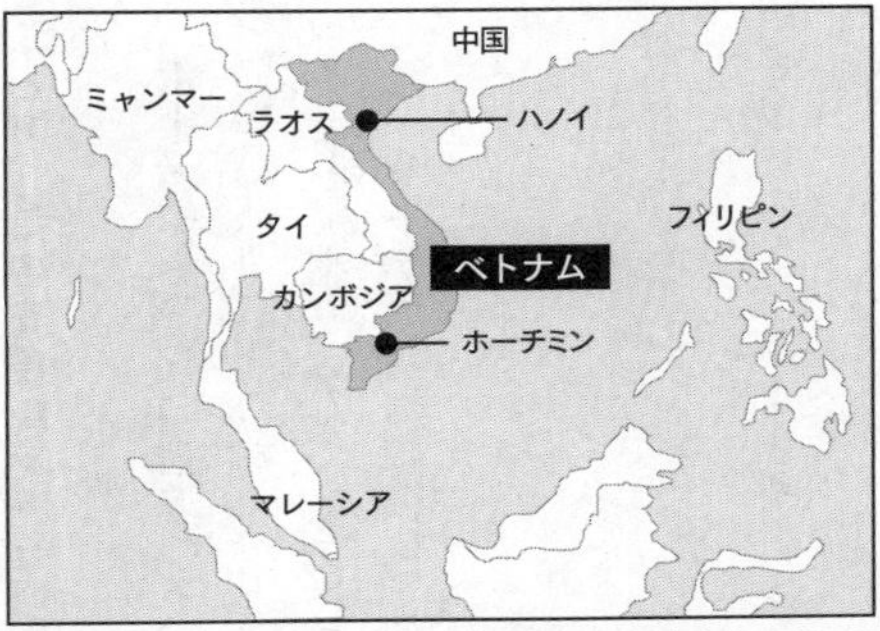

インドシナ半島。インドとシナ（中国）の間にあることから、フランスが名付けた。両大陸の文明の影響を受けている。

国に送っていました。**日本軍は、ベトナムに進駐することで、この支援ルートを切断し**ようと考えたのです。

日本軍が進駐していた1941年（昭和16年）5月、**ホー・チ・ミン**＊＊の指導の下、ベトナムの独立を求める「ベトナム独立同盟」（ベトミン）が結成されました。ベトミンを結成したホー・チ・ミンは、フランス船に見習いコックとして乗り込んでフランスに渡り、マルクス主義に触れて共産主義者になっていました。ベトナムに帰国後は、独立運動を指揮するようになったのです。

▼まず「インドシナ戦争」があった

太平洋戦争で日本が負け、ベトナムから日本軍が引き揚げると、ホー・チ・ミンは「ベトナム民主共和国」の独立を宣言します。

ところが、日本軍が引き揚げた後にはフランスが戻ってきて、植民地支配を継続させようとします。こうして1946年（昭和21年）、独立を求める**ベトミン**＊＊＊とフランス軍が衝突します。これが「**インドシナ戦争**＊＊＊＊」です。

ベトミンはソ連と中国が援助し、**フランスを米国が支援**しました。世界は東西冷戦が始まったところ。**ベトナムで米ソの代理戦争**が行われたのです。これは、その後、米国が全面参戦して始まるベトナム戦争とまったく同じ構図でした。

インドシナ戦争で、フランス軍はベトミンとの戦いに苦戦します。1953年（昭和28年）から1954年（昭和29年）にかけては、ベトナム北西部のディエンビエンフーにあったフランス軍基地がベトミン軍によって包囲されます。2カ月にわたる攻防戦の結果、実に1万人ものフランス軍兵士が捕虜になりました。1954年5月のことです。これが戦史に残る「**ディエンビエンフーの戦い**」*****です。

***日中戦争**　1937～1945。大日本帝国と中華民国（蔣介石政権）との戦争。

****ホー・チ・ミン（1890～1969）**　ロシア革命のあった1917年、パリでマルクス主義に触れ、フランス共産党に入党。中国での活動名、胡志明（志が明らかな人）から、ホー・チ・ミンとなる。質素な生活で国民からは「ホーおじさん」と慕われた。

*****ベトミンとベトコン**　ベトミンは「ベトナム独立同盟」のベトナム語での略称。ベトコンはアメリカによる蔑称で「ベトナムの共産主義者野郎」のような意味だが、報道を通じて日本でも一般化した。

******インドシナ戦争**　1946～1954。フランスに対するベトナム独立戦争から、冷戦の一部になり泥沼化。フランスは本国軍の派遣をやめ、志願兵と外国人部隊のみ投入した。

*******ディエンビエンフーの戦い**　旧日本軍の飛行場跡があり、フランス軍は空から補給物資と落下傘部隊を大量に投下したが敗北。約2万人の仏軍兵のうち1万人が捕虜に。

この結果、フランス軍はベトナムから撤退することになります。同年7月、スイスのジュネーブで開かれた和平会談の結果、休戦が成立しました。「ジュネーブ協定」です。

この協定で、ベトナムは北緯17度線で南北に分断されました。南北の境には幅10キロメートルの非武装地帯（DMZ）が設定されました。

朝鮮半島が北緯38度線で分断されたように、ベトナムは北緯17度線で分断されたのです。

DMZの北側には、すでに独立を宣言していた「ベトナム民主共和国」（北ベトナム）が発足し、ホー・チ・ミンの指導の下、社会主義への道を歩みます。

一方、南には米国が支援する「ベトナム共和国」（南ベトナム）が1955年10月に成立しました。**フランスが撤退した後を、米国が引き継いだのです。**

▼米国が恐れた「ドミノ倒し」

当初のジュネーブ協定では、DMZは国境ではなく、南北ベトナム全体で統一選挙を実施して統一国家を樹立することになっていました。ところが、米国と南ベトナムはこれを拒否。共産党主導の国家ができることを恐れたためでした。

南ベトナムのトップであるゴ・ジン・ジェム大統領は、独裁者として反対派を弾圧します。ゴ一族は米国からの援助を懐に入れて私腹を肥やします。米国は、東西冷戦の中で、米国の味方であれば、どんな政権でも支援したのです。

カトリック教徒のゴ大統領は仏教寺院を弾圧します。これに抗議した僧侶が焼身自殺するというショッキングな事態も起きました。

これに慌てた米国は、米中央情報局（CIA）を使ってベトナムの軍部にクーデターをそそのかし、次々に大統領が交代するようになります。国民の心は政権や米国から離れていきます。

腐敗した政権に反対する民主化運動の中から、1960年（昭和35年）12月、「**南ベトナム民族解放戦線**」*が結成されました。正式には「ベトナム南部解放民族戦線」なの

1963年、サイゴンのアメリカ大使館前で焼身自殺した僧侶ティック・クアン・ドック。絶命まで蓮華座を崩さない映像に世界が衝撃が受けたが、ゴ大統領の弟夫人は「人間バーベキューにすぎない」と発言した。写真は90年代米国のロックバンド「レイジ・アゲインスト・ザ・マシーン」のCDジャケットより。

*解放戦線　戦線（Front）は軍事用語だが、とくに共産主義運動では、共通の政治目的のために複数の組織が合同する大衆運動を「統一戦線」と呼ぶ。

ですが、一般的には解放戦線と呼ばれました。参加者は、広範な知識人、学生、民族主義者、共産主義者の組織でした。当初は、さまざまなメンバーが加わっていたのです。

ただし、激しい戦闘によって、当初のメンバーが次々に死亡するにつれ、やがて北ベトナムの命令を受ける共産主義者の組織に変質していきます。

解放戦線は、農村部でのゲリラ活動を中心に据えながら、次第に勢力を拡大していきます。

解放戦線には腐敗した政権に反対する民主主義勢力も含まれていましたが、米国は「ソ連、中国の手先」と考え、南ベトナム政府軍に代わって、解放戦線を攻撃するようになります。すべては東西冷戦の観点からしか見ることができなくなっていたのです。

当時の米国は、「ドミノ理論*」を唱えていました。ドミノ倒しのドミノです。もしベトナムが共産主義者の手に落ちれば、次はカンボジアやラオス、タイ、マレーシアと、次々に共産主義になってしまう、という危機感でした。

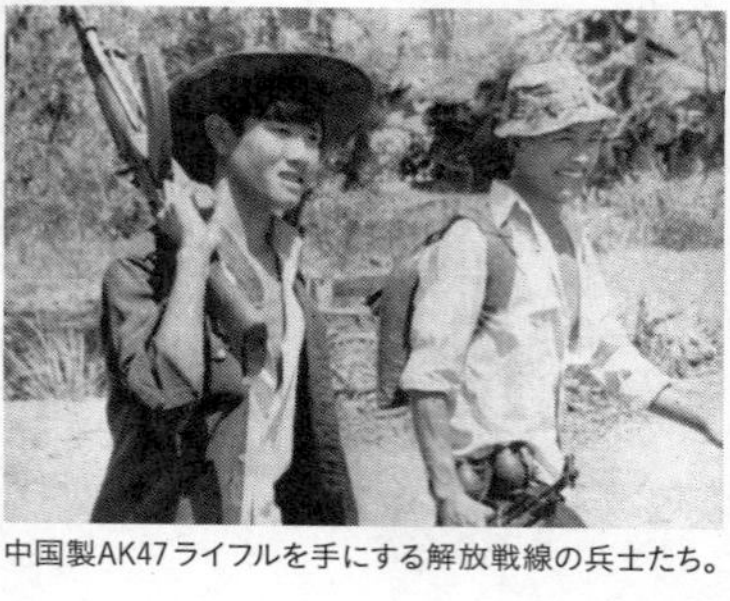

中国製AK47ライフルを手にする解放戦線の兵士たち。

▼アメリカ軍が直接戦闘へ

米国は、すでにケネディ大統領の時代に1万6000人の**軍事顧問団****を送り込んでいましたが、後任の**ジョンソン大統領*****は、1965年（昭和40年）頃には20万人を超える米兵を送り込みました。それでも苦戦が続くと、次々に兵力を投入。兵力の逐次投入という、軍事作戦としてやってはいけない手法に陥ってしまいます。最終的には50万人もの米兵がベトナムに送られました。

しかし、米兵は、ゲリラと農民の区別がつきませんでした。解放戦線の兵士は、ふだんは農作業に従事し、夜間にはゲリラに早変わり、ということを繰り返します。こうなると、米兵は、農民がみんなゲリラに見えてきます。結局、無関係の農民が殺害される事件も相次ぎ、一般国民の米国に対する敵意が高まります。

これはまるで、現在のアフガニスタンのような状況です。米兵は、一般国民とタリバ

***ドミノ理論**　1954年、アイゼンハワー米大統領、ダレス国務長官が主張した。
****軍事顧問団**　アメリカ軍特殊部隊、通称「グリーンベレー」が送り込まれた。
*****ジョンソン**（1908〜1973）　1963年、ケネディの暗殺により副大統領から昇格。ケネディが拒否した、ベトナム戦争への米軍直接戦闘参加に踏み切った。

ンの区別がつかなくなっていて、誤爆がしばしば起きているからです。

▼北ベトナム爆撃「石器時代に戻してやる」

苦戦する米軍は、戦争をエスカレートさせます。１９６４年（昭和39年）には、北ベトナムに対する爆撃を開始するのです。これは、東京五輪開催の年でした。

この年の8月、南北ベトナムの沖合のトンキン湾で、米軍の駆逐艦が北ベトナム軍の魚雷艇から攻撃を受けたとして、米軍は北ベトナムに対する爆撃を開始しました。これが**「トンキン湾事件」**です。トンキン湾で本当に北ベトナム軍の攻撃を受けたかどうか、**確かな証拠がないままの北爆開始**でした。米軍は１９６５年（昭和40年）になると北爆を本格化します。

米国は、南ベトナムの解放戦線の力が一向に弱まらないのは、北ベトナムからの支援があるからだと考え、支援の元を断つという狙いがありました。

当時、米空軍の**カーチス・ルメイ***参謀総長は「ベトナ

米軍兵士に連行されるベトナム人。

ムを石器時代に後戻りさせてやる」と発言しました。

▼「分散の思想」で対抗

これに対して**北ベトナムは、「分散の思想」で対抗**します。燃料などを1カ所に集積すると、空爆で損害を受けます。そこで、燃料の入ったドラム缶を道路や空き地に並べたのです。これなら爆撃を受けても被害は少なくて済みますし、そもそも大きな燃料タンクや倉庫など必要ありません。両者の発想はまったく違っていたのです。

解放戦線が北ベトナムの支援を受けているというのは、その通りでした。南北国境の非武装地帯（DMZ）は警戒されていたため、北ベトナムの輸送部隊は、いったん西側のラオス国内に入り、尾根伝いに南下して、南ベトナムに物資を運びました。あるいは、さらに南下してカンボジア国内を通るルートもありました。この輸送路について、米国は、当時の北ベトナムの指導者の名前を冠して**ホー・チ・ミンルート**と呼びました。

当時のラオスやカンボジアは、北ベトナムに対抗する力がなく、北ベトナム軍が自国

***カーチス・ルメイ**　アメリカの北爆を指揮したカーチス・ルメイは、第2次大戦中には東京大空襲も指揮し、民間人10万人が死亡した。

の領土を通ることを黙認しました。

これに対して米国は、**ラオスやカンボジア領内でもひそかに爆撃**を実施していました。これはベトナム戦争中には秘密にされ、戦後、明らかになりました。私は米軍によって爆撃されたラオス領内を取材したことがあります。田や畑には、いまも米軍の不発弾が残っています。

ホー・チ・ミンルートは総延長４００0キロメートルにも達しました。１万台のトラックと2万台の自転車が動員され、ピストン輸送されました。

▼枯れ葉剤による環境破壊

解放戦線のゲリラ兵士は、熱帯のジャングルを利用して行動していました。米軍は、ヘリコプターで上空からゲリラ兵士を捜しますが、ジャングルに覆われ、発見できませ

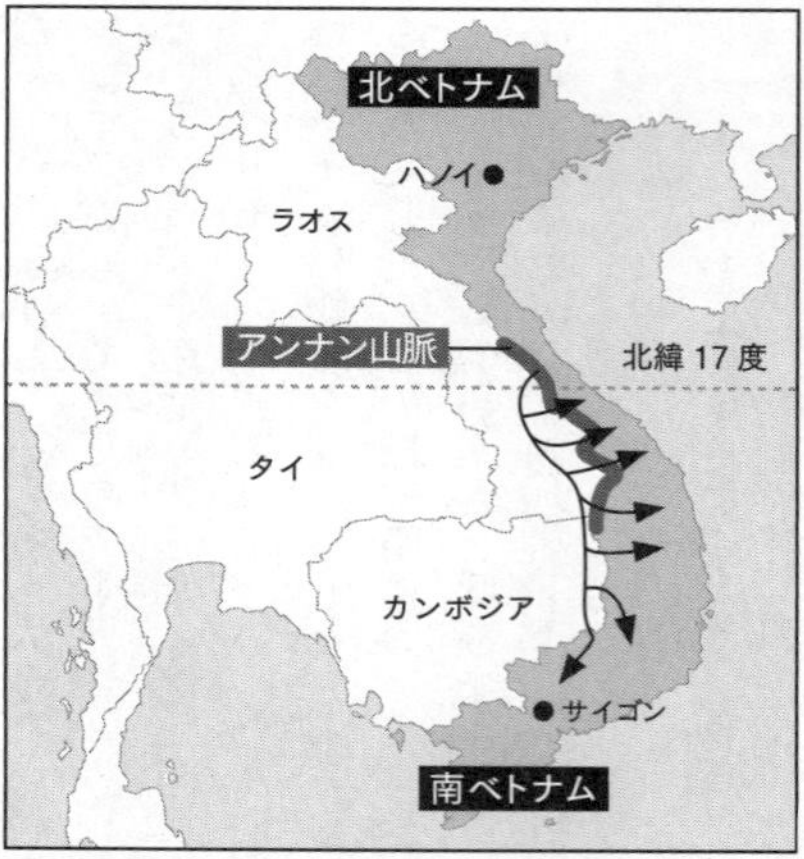

ベトナム国外を迂回して物資を運ぶホー・チ・ミンルート。

ん。

そこで米軍は、**枯れ葉剤**の空中散布という作戦に出ました。枯れ葉剤でジャングルの木々を枯らし、ゲリラ兵士が隠れる場所をなくしてしまおうという環境破壊作戦でした。

この枯れ葉剤には不純物として**ダイオキシン**が含まれていました。このため、枯れ葉剤を浴びたベトナム国民はもちろん、枯れ葉剤を扱った米兵も、帰国後、後遺症に悩まされることになります。ベトナム戦争が終わった後も、ベトナムではダイオキシンが原因とみられる奇形児が生まれています。

戦争は環境破壊につながります。戦争で南ベトナムの土地は荒廃。農業国だった南ベトナムは、１９６５年（昭和40年）を境にコメの輸入国に転落しました。

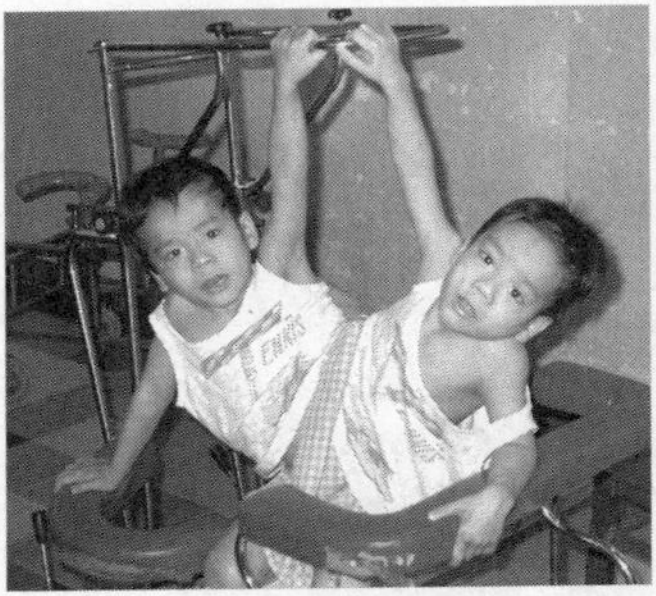

1986年、ホーチミン市の病院で、日本から贈られた車イスで遊ぶ結合双生児のベトちゃん（右）とドクちゃん（左）。分離手術には日本から医師団が派遣された。

▼アメリカを揺るがす反戦運動

ベトナムで米軍が苦戦することで、米国本国ではベトナム戦争に反対する運動が盛り上がります。

当時の米国は、いまと違って徴兵制でした。若い男性は誰もが軍に入り、多くの若者がベトナムに送られました。留守家族の間では、息子や夫がベトナムに送られて人を殺したり殺されたりすることに対する嫌悪感が広がります。

大規模な反戦運動が展開され、オハイオ州では、反戦運動をしていた大学生4人が、出動した州兵の発砲で死亡する事件も起きています。

現在の米国は、徴兵制が廃止されています。米軍兵士は志願兵です。アフガニスタンで戦死しても、「危険を承知で志願したのだから」という受け止め方をされ、ベトナム戦争当時のような反戦運動は起きていないのです。

▼沖縄から飛び立った爆撃機

ベトナム戦争は、遠い海の向こうの戦争ではありませんでした。北ベトナムへ北爆に向かう爆撃機は、沖縄からも出撃していました。連日、大量の爆弾を積んだ爆撃機が飛び立っていたのです。

「ベトナムに平和を！市民連合」で演説をする作家の開高健（左）と小田実。

また、負傷した米兵は、東京都内の病院に運ばれました。休暇を与えられた米兵が日本で過ごすなど、ベトナム戦争は、すぐ近くに感じられる存在でした。

当時の佐藤栄作首相は、米国のベトナム戦争を支持していました。

戦争に反対する市民たちは、党派に関係のない市民団体「ベトナムに平和を！市民連合」（**べ平連**）を組織し、日本国内で反戦運動を展開しました。

▼「撤退」の理屈を付けたニクソン

1968年（昭和43年）、ベトナム戦争をエスカレートさせた民主党のジョンソン大統領は、1期限りで引退し、2期目の選挙に出ないことを表明しました。その後には共和党の**ニクソン***大統領が誕生します。ニクソン大統領は、ベトナム戦争の「ベトナム化」を推進しました。南ベトナム政府軍の力をつけ、米軍が撤退する、という戦略です。**「南ベトナムは、政府軍だけで守れるようになったから、米軍は撤退する」という理屈付け**でした。

***リチャード・ニクソン**（1913〜1994）　弁護士から海軍を経て政治家。1960年の大統領選ではケネディに敗北したが、反戦運動が高まるなか「法と秩序の回復」を掲げて大統領に。

まるで、いまの米国が、「イラク軍が力をつけたから」と言ってイラクから撤退し、「アフガニスタン政府軍が増強されたから」と言ってアフガニスタンから撤退しようとしているように。

1973年（昭和48年）3月、米軍の最後の戦闘部隊がベトナムから撤退しました。

その後、しばらくは南ベトナム政府軍が持ちこたえましたが、1975年（昭和50年）3月、北ベトナム軍の全面攻勢が開始されると、南ベトナム政府軍は総崩れとなります。

4月30日、南ベトナムの首都サイゴンに北ベトナム政府軍の戦車が突入すると、南ベトナム政府軍の兵士たちは、軍服を脱ぎ捨てて群衆の中に逃げ込みました。

その後、南北ベトナムは統一され、1976年（昭和51年）7月、「**ベトナム社会主義共和国**」となりました。南ベトナムの首都だったサイゴンは、ホーチミン市と改称されました。

南ベトナムは、「解放戦線によって解放された」と発表されましたが、南北が統一さ

2004年、「ディエンビエンフーの戦い」の戦勝50周年記念式典で故ホー・チ・ミン大統領の肖像画を掲げて歩く人々。

れると、解放戦線は姿を消しました。北ベトナム軍による統一だったことを北ベトナム政府が認めたのです。

▼テレビが世論を動かした

ベトナム戦争では、米軍、南北ベトナム政府軍、解放戦線、一般民衆合わせて死者200万～300万人、負傷者450万人に達したという推計があります。実に膨大な被害が出たのです。

大国・アメリカにとっては、初めて経験した敗北でした。50万人もの兵士と最新鋭の軍備をもってしても、アジアの小国に勝てなかったのです。

戦場での恐怖から麻薬に手を出す兵士が増え、彼らはアメリカ本国に麻薬を持ち込みました。**米国国内の麻薬汚染の拡大は、ベトナム戦争がきっかけ**だったのです。

ベトナム戦争は、「テレビが世論を動かした」と称されました。

報道の自由を尊重した米軍は、軍事作戦に報道陣の同行を許しました。その結果、悲惨な戦争の映像が、テレビを通じてお茶の間に届けられました。米軍兵士の残虐行為も報道されました。「我々は、間違った戦争を戦っているのではないか」。そうした世論が盛り上がり、米軍の撤退につながっていきます。

米軍は、ここから「教訓」をくみ取りました。その後の湾岸戦争やアフガニスタン、イラクへの攻撃では、戦争の悲惨な実情が報道されないように細心の注意が払われるようになっていきます。ベトナム戦争は、東西冷戦の代理戦争ではありましたが、米国が一方の当事者にもなり、大きな被害を受けたのです。

ベトナム帰還兵は米国の大きな社会問題となった。

▼米国のトラウマ

ベトナム戦争での敗北は、米国にとってのトラウマとなりました。その後しばらく、米国は海外での軍事行動に慎重になりました。

1990年（平成2年）8月、イラクが隣国クウェートを侵略すると、米国のブッシュ大統領（パパ・ブッシュ）は、米軍の湾岸への派遣を決めますが、このとき「ベトナム戦争の失敗」を恐れました。兵力の逐次投入が苦戦を招いたとの教訓から、多数の兵力を一気に投入する戦略をとりました。

米軍単独での介入は避け、**多国籍軍を組織し、「国際社会」の名の下に軍事介入**するという用意周到さを見せたのです。

これが成功を収めたことで、**米国は「ベトナム戦争のトラウマ」から脱します。**

しかし、これに驕《おご》った息子のブッシュ大統領は、アフガニスタンやイラクに侵攻。アフガニスタンでは、２０１６年末までの撤退を発表していますが、まるでベトナム戦争の再来のような苦戦を強いられています。

米国は、一度はベトナム戦争に学んだのですが、まもなく忘れ去り、同じような悲劇を繰り返しています。歴史に学ぶことの大切さを、私たちに教えてくれるのです。

coffee break

ベトナム戦争のころ、私は高校生でした。激化する戦場の報道を見て、その惨状に憤ったり、悲しんだりしていました。

ところがある日、新聞で一枚の写真を見て、「ベトナム戦争では、アメリカは勝てない」と初めて思ったのです。

それは、アメリカ軍の戦車が何台も列を連ね、ベトナムの水田を踏み潰して進む光景でした。戦車が通った跡には、すでに実った稲穂が無残に倒れていました。

アメリカ人にとっては、稲は単なる草だったのかもしれません。しかし、私たち日本人も含めたアジア人にとっては、米は主食であり、水田は何より大切なもの。

その思いを理解できないまま、アメリカがどれほど大量に軍隊を送りこんで支配しても、現地のベトナム人の支持を得ることは難しいだろう。

戦争の行方が、一枚の写真から直観的に読み取れたのです。

Lecture 8

カンボジア

大虐殺「ポル・ポト」という謎

▼ベトナム戦争のとばっちり

2012年10月15日、カンボジアの前国王シアヌーク殿下が死去しました。日本ではそれほど大きく報道されませんでしたが、時代の波に翻弄されながら、大国の間を綱渡りしてきた殿下の死去に、ひとつの時代の終わりを感じます。

前回はベトナム戦争を取り上げましたが、このベトナム戦争のとばっちりを受けたのが、平和な王国だっ

アンコール・ワットとともに有名なカンボジアの世界遺産、アンコール・トム。12世紀クメール王朝で、ヒンドゥー教の神に捧げて建設された。

たカンボジアです。

平和な国は、原始共産制をめざした政権によって翻弄されました。**過激な革命思想がいかに多くの人命を奪うのか**、慄然《りつぜん》たる思いになるのが、カンボジア現代史です。悲劇の歴史を振り返っておきましょう。

▼シアヌーク殿下の綱渡り

前回取り上げたベトナムと共に、カンボジアもフランスの植民地でした。

1941年（昭和16年）、植民地支配していたフランスは、それまでのカンボジアの国王が死去すると、息子を飛ばして孫の**ノロドム・シアヌーク***を国王の座につけました。当時のシアヌークはプレーボーイとして知られ、フランスとしては、操縦しやすいと考えたのです。

しかし、第2次世界大戦後、カンボジアが独立を果たすと、シアヌークは、**国王の座**

***ノロドム・シアヌーク**（1922～2012）移り気なところがあり「変身殿下」とも呼ばれた。ギネス・ブックは「世界の政権で最も多くの経歴を持つ政治家」と認定している。

を父親に譲りました。そのため、**シアヌークは「殿下」と呼ばれる**ようになったのです。父親が亡くなり、1960年（昭和35年）に国家元首になってからも、慣例として「シアヌーク殿下」と呼ばれました。

ベトナム戦争中、北ベトナムはカンボジア領内を通って物資を南ベトナム民族解放戦線に送りましたが、シアヌーク殿下は、これを黙認しました。本人は北ベトナムのような共産主義を嫌い、国内では厳しく取り締まっていましたが、自国が国際紛争に巻き込まれるのを防ぐため、黙認したのです。国際間の「綱渡り」に手腕を発揮した人物でした。

▼米国がそそのかしたクーデター

しかし、この綱渡りはいつまでも続きませんでした。**北ベトナムの輸送ルートを黙認するシアヌーク殿下の方針に、米国が怒った**からです。

1970年（昭和45年）、シアヌーク殿下がモスクワ訪問中に、**ロン・ノル**[*]首相が

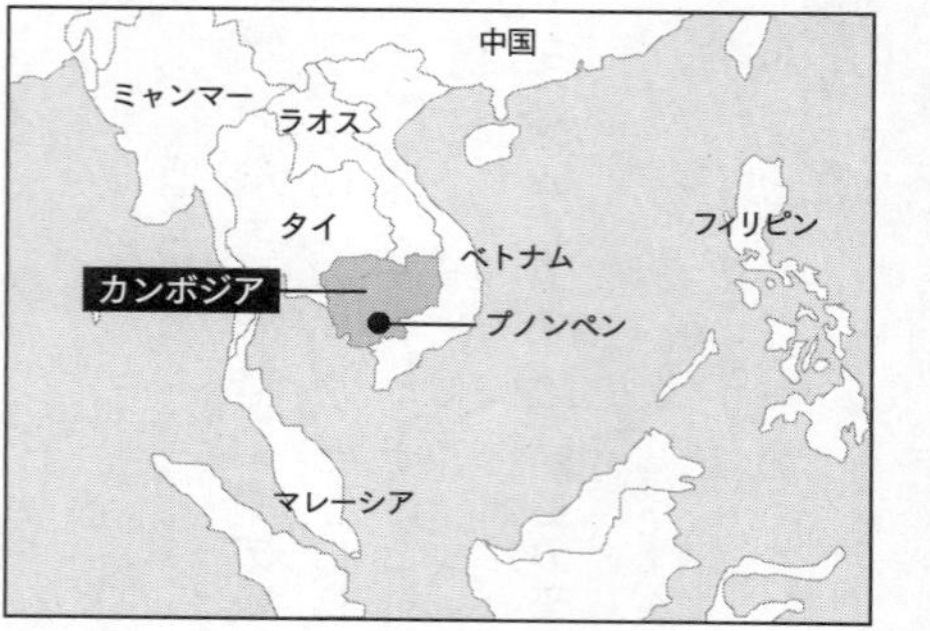

クーデターを起こしました。米国の中央情報局（CIA）がそそのかしたのです。米国は、ベトナムでやったのと同じことを、カンボジアでも実行したのです。

親米政権となったロン・ノル政権は、米軍と共に北ベトナム軍や解放戦線を攻撃しました。

ポル・ポト(1925〜1998)
作戦を指揮する姿。本名はサロット・サルで、貧しい農民出身を装って別名を名乗ったといわれる。
ポル・ポトの指導するカンボジア共産党は「クメール・ルージュ」(赤いクメール)と呼ばれ恐れられた。

一方、シアヌーク殿下は、カンボジアに帰国できなくなり、北京に住むことになりました。中国共産党が邸宅を提供しました。それまで**自らが弾圧してきたカンボジア共産党と共に「カンボジア民族統一戦線」を結成**します。クーデターによって、かつての敵と手を結んだのです。シアヌーク殿下を、当時の社会主義国家は全面支援。プライベートジェット機や警護要員（SP）は北朝鮮が提供しました。

シアヌーク殿下の農村での人気は高く、カンボジア民族統一戦線は戦闘で優位に立ち

***ロン・ノル**（1913〜1985）　カンボジア警察初代長官から、国防相、首相へ。米国の傀儡となってのクーデター後は「クメール共和国」初代大統領の座につく。のちに亡命し米国で死去。

ますが、実際の指導者は**ポル・ポト**という人物でした。カンボジアの王家につながる家系でしたが、フランス留学で共産主義者になって帰国します。

フランスで共産主義に染まるという点では、ベトナムのホー・チ・ミンと同じでした。ポル・ポト本人は背後に隠れ、シアヌーク人気を利用して支持を広げました。

この内戦では、実に50万人が死亡し、100万人の難民が発生しました。

▼世界が驚く蛮行がはじまった

1975年（昭和50年）4月17日、カンボジア民族統一戦線は、ついに首都プノンペンに突入。ロン・ノル政権は崩壊しました。ベトナムのサイゴン（現ホーチミン）陥落の2週間前のことでした。カンボジア、ベトナムと、相次いで親米政権が倒れたのです。

ベトナムでは解放戦線が政権を掌握しても、旧政権関係者は無事でしたが、カンボジアでは、全員直ちに処刑されました。ベトナムとは大きく

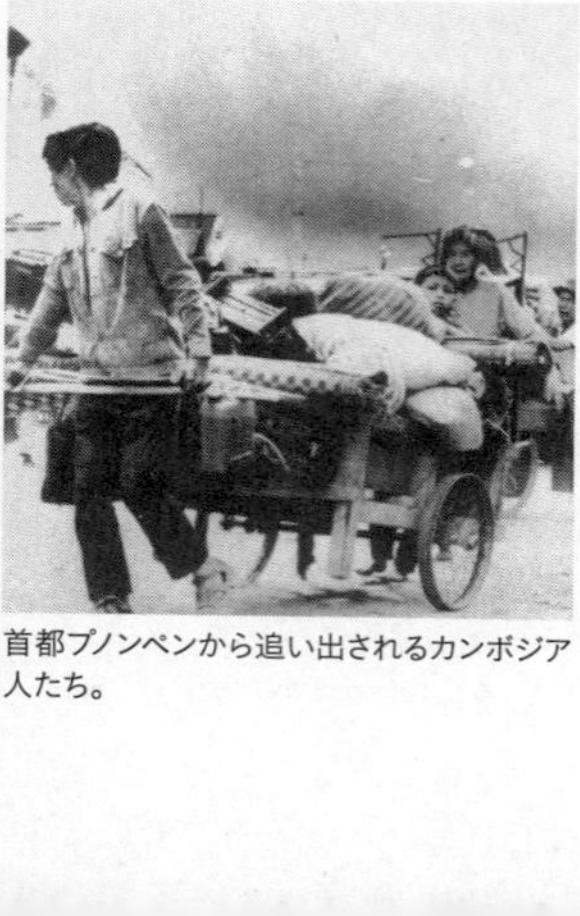

首都プノンペンから追い出されるカンボジア人たち。

違っていたのです。

それだけではありません。世界が驚くような行為が、翌日から始まったのです。まずは、首都プノンペン市民200万人が農村地帯へ追い出されます。それまで農村地帯を拠点に戦ってきたポル・ポト政権にとって、都市住民は敵でした。敵を追い出すと共に、農村での労働力を確保しようという狙いがありました。抵抗した者は、その場で射殺されました。

内戦時代、ポル・ポト支配下の地域に住んでいた農民は仲間でしたが、都市の住民は抹殺の対象となったのです。

カンボジア民族統一戦線の勝利を受け、中国にいたシアヌーク殿下は帰国しますが、翌年4月から王宮に幽閉されてしまいます。名前だけの存在だったのです。

▼ポル・ポトの原始共産制と「知識人狩り」

ポル・ポト政権は、**原始共産制**[*]にもとづく特異な政策を実行に移します。**通貨を廃止**

***原始共産制**　「原始時代では、こういう共産主義社会があったのではないか」と理論的に想定される社会体制。あらゆる生産手段を共有し、生産されたものは平等に分配する。

したのです。紙幣は紙くずになりました。**資本主義経済から共産主義経済への移行**を、通貨の廃止によって一気に進めようとしたのです。

宗教は禁止され、仏教寺院は破壊されました。仏教国カンボジアで仏教が禁止されたのです。

さらに学校も廃止されました。ポル・ポト政権は、徹底した知識人狩りを実行しました。国民は指導者の指示に従えばいい存在であり、自分の頭でものを考える知識人は不必要というより邪魔な存在でした。ポル・ポト政権下では肉体労働こそが尊いものとされました。知識人を養成する学校も目の敵にしたのです。教師も殺害されました。**眼鏡をかけていると、知識人として殺害の対象になったほど**です。知識人を抹殺するため、海外の留学生も呼び戻して殺害しました。驚くべき蛮行が繰り広げられたのです。

共産主義は全員が平等。国民は黒い綿の農民服を着せられ、共同農場に所属しました。

子どもたちは5～6歳で家族から引き離され、「国家の子ども」として教育されます。

恋愛は認められず、国家が決めた相手と結婚するしかありませんでした。

ポル・ポトの共産主義は、中国の**毛沢東方式***でした。農業では人海戦術でダムや堤防を建設しました。コメの生産量増強は「革命的情熱」があれば可能だと主張されました。まさに**中国で大失敗した大躍進政策そっくり。**毛沢東の思想を理想化したのです。

このような非科学的な農業政策がうまくいくはずはありません。素人が造成したダムや堤防は簡単に決壊し、農業生産性は著しく低下します。

▼カンボジア人の「ベトナム嫌い」を利用

国民の不満が高まると、**独裁政権がすることはどこも同じ。外部に敵を作り出します。カンボジアにとっての敵はベトナム**でした。

フランスによる植民地時代、フランスは、カンボジアの統治にベトナム人を使いました。このため、カンボジア人の不満はベトナム人に対して向けられたのです。ポル・ポトは、この国民の反ベトナム感情を使い、「うまくいかないのはベトナムのせいだ」と宣言してベトナムを攻撃するようになります。国内に緊張状態を作り出しました。たびたびの攻撃を受けたベトナムは、１９７８年（昭和53年）12月、カンボジアに侵攻します。

一方的な攻撃では侵略になりますから、「カンボジアから逃れた人民の要請を受けて救援に行く」という形をとりました。カンボジアからベトナムに逃れた数百人のカンボ

***毛沢東方式**　毛沢東も原始共産制を目指し、「文化大革命」で知識人狩りをおこない、農業の「大躍進政策」で数千万人を餓死させた。ポル・ポトは文化大革命時代の中国に滞在し、影響を受けたとされる。

ジア兵を「カンボジア救国民族統一戦線」（ヘン・サムリン*議長）に仕立て上げ、彼らを支援する形をとって、ベトナム軍兵士10万人が侵攻したのです。

国内が疲弊しきっていたカンボジアのポル・ポト政権はひとたまりもありません。**ベトナム軍侵攻からわずか2週間でポル・ポト政権は崩壊**しました。

▼300万人が犠牲になったキリング・フィールド

カンボジアに侵攻したベトナム軍が発見したもの。それは、死臭に満ちた国土と、茫《ぼう》然《ぜん》自失の国民の姿でした。ポル・ポト政権に逆らった国民は処刑され、国内の至る所に埋葬されていました。その死臭でした。

処刑場が各地に作られ、犠牲になった人たちの顔写真などが克明に記録されていました。

当時600万〜700万人のカンボジア国民のうち、いったい何人が犠牲になったのか。諸説ありますが、少なくとも100万人以上が犠牲になったことは間違いない

カンボジアの大地を埋め尽くす白骨。各地の刑場跡は「キリング・フィールド」と呼ばれ、映画のタイトルともなった。現在も遺骨が収容された記念館がある。

だろうとみられています。現在のカンボジア政府は300万人説をとっています。

▼「人道的介入」は認められるか

ベトナム軍のカンボジア侵攻は、世界を驚かせました。

ベトナム戦争やカンボジア内戦当時、ベトナム共産党とカンボジア共産党は、協力していたはずなのに、戦争になってしまったからです。

当時、日本も含め世界の社会主義者たちは、**「社会主義国同士は戦争しない」**と信じていました。それが裏切られたのです。その後、中国がベトナムに侵攻し、さらに期待は裏切られるのですが。

ベトナムによるカンボジア侵攻は、論議を巻き起こしました。ベトナム軍が侵攻しなければ、カンボジア国民の犠牲はさらに増え続けていたことでしょう。ベトナム軍が、これを阻止したことは明らかです。

その一方で、カンボジアへの侵攻は、明らかに侵略行為です。**「他国の人々を救うた**

***ヘン・サムリン（1934〜）** 共産主義革命に加わったが、ポル・ポトの台頭で反主流派となり、ベトナムに亡命していた。ベトナム軍とともにカンボジアに侵攻後、国家元首となり、現在はカンボジア王国の下院議長。

め」と称して侵略することが認められるのか、という論議です。

つまりは、「**人道的介入***は認められるのか」との問題になります。

その後、東西冷戦が終わり、旧ユーゴスラビアが解体する中で始まった内戦では、ヨーロッパの北大西洋条約機構（ＮＡＴＯ）軍が介入し、セルビアを攻撃しています。これも「人道的介入」として議論を呼びましたが、セルビアによって犠牲を出していたボスニア・ヘルツェゴビナの住民を助けたことは事実です。

これにより、「ある国の中で反人道的行為が広範囲に行われている場合、国際社会は人道的介入が許される」という理論として結実します。

こうした国際社会の難問を提起することになったのは、カンボジアが端緒でした。

▼ポル・ポト派ゲリラをタイ、中国が支援

ベトナム軍の侵攻であっけなく崩壊したポル・ポト政権ですが、ポル・ポトたちはタイ国境付近のジャングルに逃げ込み、そこから反撃に出ます。ベトナムに支援されたヘン・サムリン政権に対抗し、ゲリラ活動を始めるのです。

王宮に幽閉されていたシアヌーク殿下は再び中国に避難させられました。

ポル・ポト派と行動を共にしていた住民の多くは、隣国タイに逃れました。タイに難

民キャンプが作られます。ポル・ポト派の兵士は、ヘン・サムリン軍やベトナム軍に追われると、タイに逃げ込みます。タイが、これを黙認しました。ひそかにポル・ポト派を支援すらしました。この地域でベトナムが強大国になることへの危機感があり、ポル・ポト派が緩衝役になってくれれば好都合だったからです。

また、中国もポル・ポト派を支援しました。この頃、中国は当時のソ連と険悪な関係になっていました。ベトナムがソ連の支援を受けていたことから、「敵の味方」であるベトナムを敵視するようになり、「敵の敵」であるポル・ポト派を支援したのです。中国製の武器や弾薬がポル・ポト派に渡りました。

ベトナムにとって、カンボジア侵攻は高くつきました。ベトナムを支援していたソ連が経済危機から支援できなくなると、ベトナム経済も弱体化。軍事介入を続けることが

ジャングルで整列するポル・ポト派ゲリラ。多くの大人が処刑されたため、ポル・ポト政権下で生まれ育ち洗脳された子どもが兵士となった。

***人道的介入**　深刻な人権侵害が起きている国に、軍事力で干渉すること。「正義のための武力」は認められるか、という問題。

できなくなったのです。

軍事侵攻から11年後の1989年（平成元年）、ベトナム軍はカンボジアから撤退しました。この11年間で、ベトナム軍は5万人の兵士が死亡しました。これは奇《く》しくも、ベトナム戦争で米軍がこうむった犠牲とほぼ等しい数字でした。

▼中国がベトナムに怒ったが──

このようにベトナム軍がカンボジアに侵攻し、ポル・ポト軍に打撃を与えたことに対して、今度は中国が怒りました。当初はポル・ポト派へのひそかな軍事援助に留まっていましたが、やがて大々的な支援に踏み切ります。1979年（昭和54年）、中国軍がベトナムに侵攻したのです。これは「**中越戦争***」と呼ばれました。「越」とはベトナムのことです。

このとき**中国の最高指導者・鄧小平は、「ベトナムに懲罰を与える」と発言**しました。実に驕《おご》った表現です。ベトナムを下に見ていることがわかります。

当初、中国は高をくくっていました。中国軍の大軍が攻撃すれば、ベトナム軍は苦戦を強いられ、カンボジアに派遣していた兵を呼び戻すだろうと考えたのです。

しかし、そうはなりませんでした。**ベトナム軍は、直前まで米軍と戦っていた経験豊**

富な兵士が多く、撤退した**米軍が残していった最新の兵器で武装**していました。カンボジアに派遣していた部隊を呼び戻すことなく中国軍と渡り合い、中国軍は多大の被害を出し、撤退に追い込まれました。

これ以降、中国は、軍の近代化に取り組むことになります。

▼日本、カンボジアにPKO派遣

ベトナム軍が撤退する一方、長年の内戦でポル・ポト派が弱体化したことから、カンボジア内戦は次第に和平への機運が高まり、１９９１年（平成３年）にはパリ和平協定が結ばれます。

国連が**「国連カンボジア暫定統治機構」（UNTAC）**を作ってカンボジアを暫定的に統治し、その下で憲法制定議会の選挙を実施。シアヌーク殿下が国王に復帰するという筋道ができたのです。

ＵＮＴＡＣのトップは、日本人で国連事務次長だった**明石康**[**]氏が就任しました。選挙に合わせて、日本の自衛隊が初めて**PKO（平和維持活動）**として派遣されまし

***中越戦争**　中国は50万人の兵力をもって「空き家」のベトナムに侵攻したが、1カ月たらずで撤退。

た。

また、自衛隊とは別にPKOで派遣された岡山県警の高田晴行警部補（後に警視に）と国連ボランティアの中田厚仁さんが犠牲になるという痛ましい事件も起きました。中田さんの父親は、息子の遺志を継いで国連ボランティアに志願し、多くの人の感動を呼びました。

この選挙について、ポル・ポト派は最終的にボイコットしましたが、和平プロセスが進展するにつれ、次第に支持を失い、勢力が弱体化していきます。

1996年（平成8年）にはポル・ポト派の幹部が投降し、1998年（平成10年）にはジャングルにいたポル・ポト本人が病死。以後、幹部が次々に投降して、ポル・ポト派は崩壊しました。

こうしてカンボジアにようやく平和が戻ってきました。2004年（平成16年）には、シアヌーク殿下が国王を退位し、息子の**シハモニ殿下**が国王に就任しました。

カンボジア政府は、ヘン・サムリン政権の流れをくむ人民党のフン・セン首相がトップを務めています。国王には実権がありません。

PKO
Peacekeeping Operationの略。国連が紛争解決のため部隊・人員を派遣する。国連紋章がついた水色のベレー帽を着用する、陸上自衛隊のPKO要員（2004年）。

平和になったとはいえ、内戦の傷痕は、なかなか癒えません。ポル・ポト政権時代に徹底した知識人狩りをしたため、教師が不足。教師を育成する教師も不足し、次代を担う若者たちの教育が不十分なままなのです。

▼「ポル・ポトの犯罪」の裁判進まず

２００６年（平成18年）には、ポル・ポト政権の犯罪を裁く「カンボジア特別法廷」が、国連の協力で設置されました。判事はカンボジア人ばかりでなく、国連から派遣された外国人も含まれています。法廷に関しては、２０１２年（平成24年）までに5人が起訴され、1人の有罪が確定しましたが、それ以外の審理はなかなか進みません。

ノロドム・シハモニ（1953 〜）
2004年、戴冠式から一夜明け、市民に手を振るシハモニ新国王。幼少期にプラハで舞踊を学ぶ。両親と王宮に幽閉され、フランスに亡命してからはバレエ教師となり20年あまり滞在した。独身。

＊＊**明石康**（１９３１〜）　米国留学から、日本人初の国連職員に。ＵＮＴＡＣの後、ユーゴスラビア紛争の収拾にも関わった。１９９９年、東京都知事選で落選。

現在の政権の関係者の中に、かつてポル・ポト派に関与していた者がいることから、現政権が裁判の進展を避けたい思惑があるのではないかと取り沙汰されています。また、ポル・ポト派から投降したメンバーを訴追することになると、旧ポル・ポト派の反発を買うことへの配慮があるとの観測もあります。

なぜ、あのような大量虐殺が行われたのか。素朴な革命思想が生んだ悲劇は、しっかりと総括し、歴史的審判を下す必要があるのですが、裁判が長引くことで、関係者は次々に亡くなっています。

現代史の謎は、解き明かされないままになる可能性があります。

かつてのポル・ポト派兵士たち。
「カンボジア特別法廷」の国連負担金（4300万ドル）の半分は日本が負担し、日本人判事も派遣されている。

Lecture
9

天安門事件
「反日」の原点を知っておこう

▼中国で検索できない言葉

あなたが中国に旅行に行ったとしましょう。ホテルの部屋でパソコンに電源を入れ、インターネットに接続します。そこで**「六四」というキーワード検索**をしてみましょう。何も出てこないはずです。

日本で検索すると、すぐに「**天安門事件**[*]」が出てくるのですが。中国では、いまだに天安門

2011年、天安門事件から22年となるのを前に、香港で市民団体が行った中国政府への抗議デモ。

事件はタブーになっているのです。このとき危機感を抱いた中国共産党幹部たちは、以後、**若者たちに対して、徹底的な「愛国教育」を実施**しました。これは、結局のところ**「反日教育」**でした。その結果、折に触れて、中国の若者たちの反日意識が噴出し、中国政府ですら制御しきれない状態に陥ることがあるのです。

「反日」のおおもとになった天安門事件とは、どんなものだったのでしょうか。

▼学生たち、天安門広場に座り込み

事件が起きたのは、１９８９年（平成元年）６月４日未明のこと。**中国共産党の軍隊である「人民解放軍」が、天安門広場に突入し、広場を占拠していた若者たちを排除し**た事件です。

天安門広場周辺の長安街などで、兵士の無差別発砲と、それに対する市民の側の反撃などによって、当時の中国政府の発表で、兵士も含めて死者３１９人、負傷者９０００人が出たとされます。

しかし、この事件で死亡したことがわかりますと、家族

天安門事件で血まみれになった若者。

が当局の弾圧を受けることを恐れ、交通事故など別の死因を届け出た遺族もいるとみられ、実際の犠牲者は、はるかに多いと推定されています。

この年の4月、学生運動に同情的だったために失脚した前共産党総書記の**胡耀邦**[**]が死去します。胡耀邦を慕っていた学生たちは、胡耀邦に対する正当な評価を求めて、デモや集会を始めていました。

そこに、民主化を進めるソ連のゴルバチョフ書記長が訪問することになりました。それまで

1989年5月4日の北京・天安門での学生デモ。4月の胡耀邦死去以来、学生を中心とした民主化運動は激しさを増していった。
当時の中国では、大学生はごく一握りのエリートで、社会を良くする理想と責任に燃えていた。

***天安門事件**　「六四天安門事件」はこの章でとりあげる1989年6月4日の事件。もうひとつ、1976年4月5日の「四五天安門事件」がある。周恩来の死がきっかけになった。

****胡耀邦**（1915～1989）　湖南省の農家に生まれ、15歳で中国共産党に入党。文化大革命で失脚するが、鄧小平とともに復活。中国共産党トップの総書記となったが、1987年に辞任。自宅で軟禁され、心筋梗塞で死去。

中ソは激しく対立していましたが、ゴルバチョフ書記長の誕生で、中ソ関係は改善されます。それを象徴するのがゴルバチョフ訪中でした。

当時の中国は、海外メディアの取材を厳しく制限していましたが、歴史的訪中を取材させるため、特別に取材ビザを発行。海外の多数のメディアが中国を取材に訪れました。学生たちは、**民主化を求める自分たちの声を世界に届ける**絶好のチャンスと考え、**中国のシンボルである天安門広場に集結。**座り込みに入ったのです。

長らく共産党独裁で抑圧されていた中国が変わるのか。中国にとってのターニングポイントになりうる機会だったのですが、結局は民主化運動弾圧を選択しました。

▼毛沢東の文化大革命で疲弊

ここで、毛沢東以降の中国の現代史を振り返っておきましょう。

中国建国の父と称される**毛沢東***が死去したのは1976年（昭和51年）。晩年の毛沢東は、自らの復権闘争として文化大革命を発動し、中国社会に大きな傷痕を残しました。

文化大革命は、それまでの方針が批判を受け、毛沢東の権力が弱まったことに対して、毛沢東が反撃に出た権力闘争でした。毛沢東に対する個人崇拝が進んでいたことを利用し、学生たちをたき付けて「造反有理」（＝造反には理がある）をスローガンに既成の秩序を破壊。毛沢東にとって都合の悪い幹部を追い落としたのです。学生たちは「紅衛兵」と呼ばれました。革命のシンボルカラーは紅（赤）なので、革命を守る兵士という意味でした。

これにより復権を果たした毛沢東は、利用した若者たちが邪魔になり、「学生は農民に学べ」と言って、多くの学生を地方に追いやりました。これは「下放《かほう》」と呼ばれました。

毛沢東の言うことを真に受けて「革命運動」に取り組んだ若者たちは、運動方針をめぐって衝突し、多数の死者を出しました。紅衛兵に批判されて投獄の憂き目にあった人も多数いたのです。他人を「反革命」として告発しないと、自分が密告されたり告発されたりする時代。人々の間に不信感が広がり、政府の言うことを信じず、自分を守る習性を身につけた人だけが生き延びるという時代でした。

＊毛沢東（1893〜1976）湖南省の農家に生まれた。師範学校を出て、北京大学の図書館に就職し、マルクス主義思想に目覚めた。中華人民共和国の初代国家主席となり、終生、最高指導者の座にあった。

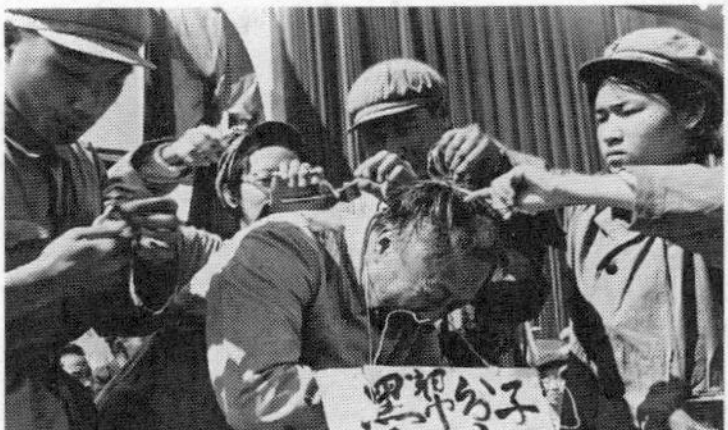

若い紅衛兵たちは、公衆の面前で富農や知識人を「反革命分子」と吊るしあげた。

▼「不死鳥」鄧小平の改革・開放路線

毛沢東にとって目の上の瘤《こぶ》だったのが、*鄧小平《とうしょうへい》でした。極めつきの現実主義者で、毛沢東の失敗の尻拭いに実力を発揮してきました。そんな彼を妬んだ毛沢東は、鄧小平を失脚させます。それでも、その実力は認めていたので、粛清まではせず、地方に追いやっていました。

毛沢東が死去すると、鄧小平は瞬く間に復活します。「不死鳥」と呼ばれ、1977年(昭和52年)には権力を掌握してしまいます。

復活した鄧小平は、再び毛沢東の失敗の尻拭いです。中国を食糧不足に陥らせていた元凶の人民公社などの農業集団化を廃止。個人の営農を認めたことによって、農業生産性が向上し、食糧不足が解消されます。

個人の商売を認め、外国資本の投資も認めるという「改革・開放政策」により、中国は次第に近代化に向けて歩み始めます。現代の中国の発展の基礎を築いたのです。

▼つかの間の「北京の春」

鄧小平の改革・開放路線に触発されて、1978年(昭和53年)には、知識人や学生が民主化運動を開始します。改革・開放によって、海外から民主主義思想や「言論の自由」の意識が流れ込んだからです。こうした意識を持った若者たちは、北京の街角に、民主化を求める自分の主張を書いた紙を貼り出します。この紙は「壁新聞」と呼ばれました。自由な言論の場が出現したのです。これは「**北京の春**」と呼ばれました。

こうした壁新聞が、毛沢東批判や文化大革命批判にとどまっているうちは、鄧小平も黙認していましたが、翌年、鄧小平自身に対する批判が出ると、一転して弾圧に回ります。壁新聞の掲載可能な場所を限定し、さらには民主運動家を逮捕・投獄してしまいます。

「民主の壁」とも呼ばれた、民主化を求める壁新聞を読む群衆。

***鄧小平**（1904～1997）　四川省の地主の家に生まれ、16歳でパリに勤労留学し、共産思想に触れる。ソ連留学を経て帰国、中国共産党に合流した。文化大革命と第1次天安門事件の2度の失脚から復活し「不死鳥」と呼ばれた。

****北京の春**　1968年のチェコスロバキアの民主化運動が「プラハの春」と呼ばれたことにちなむ。

鄧小平の改革・開放路線は、あくまで共産党の指導によって行われるべきものでした。

1981年（昭和56年）、鄧小平の弟子だった胡耀邦が共産党主席（後に総書記の名称に変更）に就任します。鄧小平は、望めば主席になれたにもかかわらず、あえて副主席にとどまりました。自らは表に立たずに「最高実力者」という黒幕になったのです。

▼親日家・胡耀邦の失脚

その後も中国国内では民主化を求める運動が断続的に発生します。

1986年（昭和61年）12月には、安徽省の中国科学技術大学で、学生たちの民主化運動が始まりました。当初、地方から始まった運動は、瞬く間に北京や上海など全国に広がり、実に全国150もの大学で民主化要求運動が展開されました。

中国社会のエリートで感受性の強かった彼らは、さまざまな社会の矛盾を解決したいと考えたのです。

胡耀邦は、**民主化要求は当然のことと考え、学生た**

靖国参拝の翌年1986年に訪中し、歓迎の拍手に手をつないで応える中曽根首相（左）と胡耀邦総書記（右）。胡耀邦は「個人の資格」として中曽根首相を招待した。

ちの運動を容認します。これが、共産党内の保守派を刺激しました。中国国民は共産党の指導に従っていればいいのであって、民主化を要求することは、共産党支配に反対することだと受け止めたからです。

こうした保守派の批判の矛先は、学生運動を容認する胡耀邦に向けられました。党内の厳しい批判にさらされ、胡耀邦は１９８７年（昭和62年）１月、総書記辞任に追い込まれました。

失脚後は、**胡耀邦が親日家だったことも批判**を浴びました。

胡耀邦は１９８３年（昭和58年）に日本を訪問しています。ＮＨＫホールで開かれた「青年のつどい」に出席し、日本の青年３０００人を中国に招く計画を発表しました。

さらに胡耀邦は、当時の日本の中曽根康弘首相と個人的な交友関係を築きました。ところが、１９８５年（昭和60年）８月15日、中曽根首相が靖国神社を公式参拝したことから、中曽根首相と親しかった胡耀邦が批判されます。

胡耀邦失脚後、「胡耀邦の罪状」として共産党幹部に配布された資料には、日本の若者３０００人を招待したことや、中曽根首相と親しかったことが挙げられています。

胡耀邦の後任は**趙紫陽**＊でした。胡耀邦も趙紫陽も鄧小平の忠実な弟子だったからです。

鄧小平は、経済の改革は進めるが、共産党支配は維持する方針でした。経済活動は自由に展開していいが、民主化を唱えてはいけない、というわけです。

胡耀邦は、失脚してから2年後の1989年（平成元年）4月、失意のうちに死去しました。

▼学生たちが立ち上がった

4月15日の正午に胡耀邦の死が発表されると、その夜のうちに北京大学で学生による追悼集会が開かれました。2日後には、北京の中国政法大学の学生500人が、大学から天安門広場まで追悼行進しました。

当時の中国も政府や官僚の汚職の蔓延が問題になっていましたが、胡耀邦に関しては、そうした噂がまったくなく、清廉な人柄が知られていました。また、学生たちの民主化運動に同情的だったために共産党総書記の地位を追われたことも、学生たちは知っていました。**胡耀邦を追悼**することが、**汚職が蔓延する社会への批判や民主化要求を意味**していたのです。

当時は、いまのようなインターネットはありませんでしたから、学生たちは、口コミで集まりました。

天安門に学生が集まり始めると、それを知って多くの市民もやってきます。当初は、胡耀邦を追悼し、胡耀邦が間違っていなかったことを認めてほしいという要求だったのですが、次第に民主化を求める運動に発展していきます。言論の自由の保障や、共産党・政府幹部とその子弟の収入の公開を求めます。高級幹部の子弟がコネで甘い汁を吸っていることが、知れ渡っていたからです。

4月18日には、西長安街に面した新華門前に学生2000人が座り込みました。新華門は、共産党幹部の居住区である中南海の入り口です。共産党に対する強烈な抗議であり、共産党幹部たちを震え上がらせる行為でした。学生たちは公安当局によって強制排除されました。

22日、天安門広場の横にある人民大会堂で、中国共産党中央委員会主催の胡耀邦追悼集会が開かれました。これを知った学生たち約3万人が、胡耀邦の再評価を求め

*趙紫陽（1919～2005）　河南省出身、1980年首相に。鄧小平は「胡耀邦と趙紫陽の2人が支えてくれるので、天が落ちてもこわくない」と語った。天安門事件当時、訪中したゴルバチョフとの会談生中継で「引退した鄧小平が裏で実権を握っている」と暴露。失脚後は20年以上自宅に軟禁された。

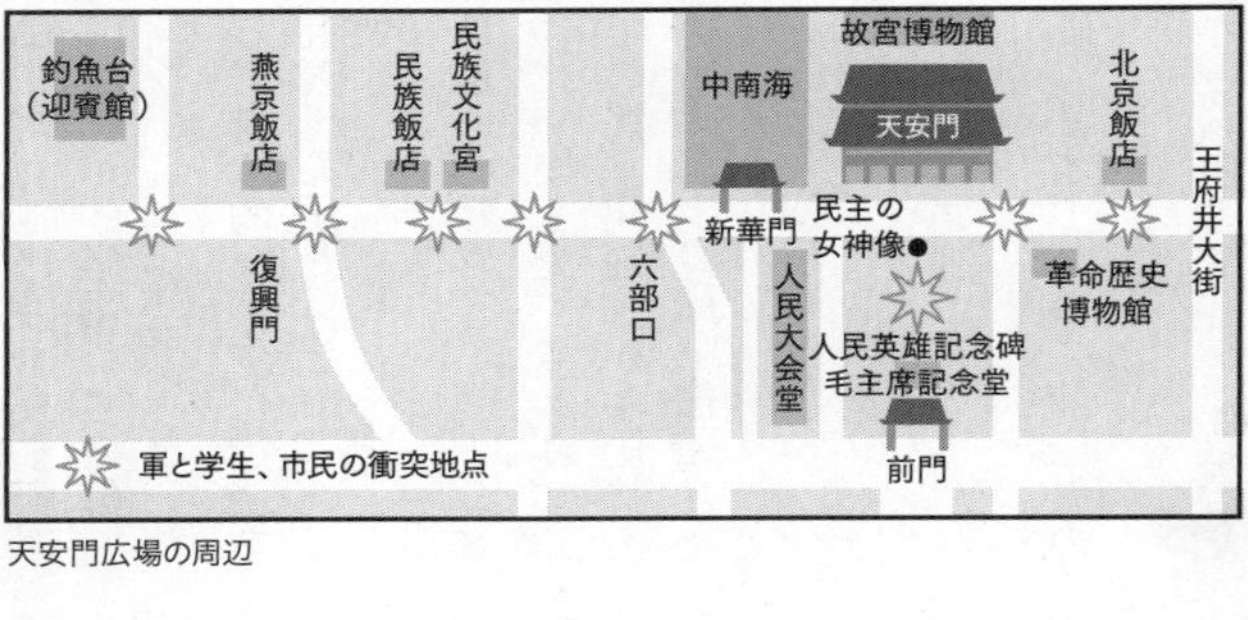

天安門広場の周辺

て座り込みましたが、再評価はなされませんでした。彼の革命に尽くした生涯への賛辞が述べられただけで、失脚に関しても触れられませんでした。これが、学生たちの怒りに火をつけたのです。

翌23日から24日にかけて、全国の大学で授業をボイコットし、自主的な学生自治会を組織します。それまで各大学には共産党の指導を受ける官制組織がありましたが、こちらは、共産党の指導を受けない、文字通りの自治組織でした。

こうした動きを、共産党内部の保守派は危機感を持って受け止めました。この1989年（平成元年）という年は、東欧各国で民主化運動が始まっていました。この年の11月にはベルリンの壁も崩壊しています。こうした社会主義圏での民主化運動が中国にも飛び火し、共産党支配が崩れることを恐れたのです。そこで学生たちの民主化運動を「動乱」と決めつけました。つまり反革命だというわけです。

▼天安門広場に「民主の女神」

しかし、共産党のトップである趙紫陽は、学生の行動を容認します。かつて前任者の胡耀邦がとったのと同じ態度だったのです。

こうした中、ソ連のゴルバチョフ書記長が訪中します。世界各国のメディアに自分たちの主張を伝えたい学生たちは、ゴルバチョフ訪中の5月15日の直前から天安門広場でハンガーストライキに入ります。その数1000人でした。

さらに5月17日には、天安門広場に100万人もの若者が集まり、デモ行進しました。全国では1000万人が街頭に出たとみられています。

天安門広場には、学生たちの手製の「自由の女神」像が建てられ、「民主の女神」と呼ばれました。

学生たちの運動を容認する趙紫陽と、これを止めようとする保守派。最高実力者の鄧小平は、戒厳令の発動を決定しました。人民解放軍を使って学生を弾圧する方針を打ち出します。趙紫陽は解任され、前任者の胡耀邦と同じ道をたどりました。

そして6月4日を迎えます。地方から人民解放軍20万人が動員され、学生排除に乗り出したのです。

中国の人民解放軍は、世界各国の軍隊とは異なり、共産党の軍隊です。共産党の命令によって動きます。鄧小平は、政府の何の役職にもついていませんでしたが、**共産党中**

戦車を止めた男
6月5日、天安門広場に面するメインストリート長安街で、鎮圧に来た戦車の前に1人で立ちはだかった。氏名不詳のため「無名の反逆者」とも呼ばれる。

央軍事委員会主席の座は守っていました。軍を指揮するポストです。**鄧小平の命令によって、軍が動いた**のです。

趙紫陽は、解任後、一党員に格下げされ、軟禁。2005年（平成17年）1月に死去しました。

▼江沢民の登場と「愛国教育」

以後、中国社会は再び「冬の時代」を迎えます。民主化運動にかかわった学生たちは次々に逮捕されます。指導者たちは海外に逃れました。

鄧小平は、趙紫陽の後任に、中央政治局委員で、共産党上海市委員会書記（上海のトップ）だった***江沢民《こうたくみん》**を起用しました。

鄧小平は、民主化は認めませんでしたが、その一方で、経済の改革・開放に消極的な保守派も嫌い、中間派の立場だった江沢民を上海から呼んだのです。

鄧小平の指示を受け、江沢民は、若者たちが民主化

反日活動のため、北京の天安門広場近くで無料開放された「南京大虐殺史実展」を見る子どもや武装警察官ら。2005年撮影。

運動に立ち上がらないように、徹底した「愛国教育」を進めます。

愛国教育とはいいましたが、要するに「共産党を愛そう」という運動です。いまの中国があるのは共産党のおかげ。共産党が抗日闘争を戦い、人民を解放した。こういう「歴史」を学生に叩き込んだのです。

共産党の「素晴らしさ」を強調するためには、それ以前の人民がいかに苦しい立場に置かれていたかを教えるのが効果的です。日中戦争で、「中国人民が日本軍によって虐げられた歴史」を教えることが必須となりました。

愛国教育は、結果的に「反日教育」になったのです。

また、胡耀邦が親日家だったことが罪状になったため、これ以降、**中国首脳は、親日的な言動は命取りになるという恐怖心**を抱くようになります。

こうして、いまの中国の「反日」意識が形成されたのです。

＊江沢民（1926～）　1989年、鄧小平に抜擢されて総書記に。1998年、中国元首として初の訪日。首脳会談や宮中晩餐会で「歴史問題」を持ち出し、日本の謝罪を求めた。

Lecture 10

中国

「経済成長」の代償を支払う日

2013年（平成25年）3月、中国政府の最高意思決定機関である全国人民代表大会が開かれ、中国共産党のトップである習近平*総書記を国家主席に選出しました。中国は、習時代を迎えます。

全国人民代表大会は、よく「日本の国会に当たる」と表現されます。わかりやすい比喩ではありますが、これだと、ここに出席している人たちが、国民の選挙で選ばれたような誤解が生まれます。

中国には日本のような選挙制度はなく、それぞれの地域や職場で、共産党幹部から「君は、この地区の代表として全国人民代表大会に出席しなさい」と指名されるのです。「人民を代表する」共産党が、「人民の代表」を選ぶという理屈です。

中国共産党が中国を統治しているので、共産党のトップが代われば、その人が国家のトップの国家主席にも就任します。

　習国家主席は、「中国の夢」という言葉を多く使います。世界の中で大きな地位を占める豊かな大国をめざす言葉です。貧しかった毛沢東時代を経て、中国は、豊かさを求めてきました。その過程を振り返りましょう。

▼〝人民の敵〟資本家も共産党員に

中国の経済体制は、明らかに資本主義そのものですが、**建前としては、「社会主義市場経済」**ということになっています。これは、実に不思議な理論です。社会主義なら、市場に任せず計画経済にするのが原則です。市場経済に全面的に任せるなら、それは資本主義です。

　実に無理な理論なのですが、要するに、共産党の独裁状態を維持しながら資本主義経済を進める、というものなのです。

***習近平**（1953〜）「太子党」とよばれる中国共産党幹部の二世。文化大革命中に農村への下放も経験しており「お坊ちゃん政治家」ではないという声もある。2009年に訪日。

これを推進したのが、鄧小平でした。1989年（平成元年）の天安門事件以降、共産党保守派による政治や経済の引き締めが進みましたが、鄧小平は、経済に限って「改革・開放」を推進したのです。

1992年（平成4年）には改革・開放が進んでいる深圳や上海を視察。「改革・開放は、肝っ玉をもっと大きくして、思い切って試してみないといけない」と発言します。

さらに「先富論」を展開します。まず豊かになれるところから豊かになればいい。残りの地域は後から豊かになればいい。発展した地域が遅れた地域を引っ張るのだ、というわけです。これは、貧富の格差が生じるのを容認するものでした。

天安門事件以後、鄧小平によって国家のトップに引き上げられた江沢民は、この路線を忠実に守り、中国経済は、まず沿岸部から急激に発展を遂げます。その結果を受け、江沢民は、2002年（平成14年）11月の共産党大会で、自分の理論を共産党の規約に盛り込みます。それが「3つの代表」という概念です。

(1) 先進的な社会生産力の発展の要求
(2) 先進文化の前進の方向
(3) 最も広範な人民の根本的利益

大変わかりにくい表現ですが、つまりは、

（1）世界的レベルの進んだ生産性を推進する
（2）先進文化を発展させる
（3）全人民の利益を代表する

という意味です。

問題は、（3）の「最も広範な人民の根本的利益」です。共産党は、労働者階級の代表です。資本家は敵ということになってきました。ところが、市場経済が進んだことによって、大小の資本家が誕生します。資本家抜きには政治や経済を考えることはできなくなってしまいました。

そこで、**資本家も共産党への入党を認めよう**ということになったのです。そのために編み出された苦心の表現が「最も広範な人民」です。

1921年（大正10年）、上海で誕生した中国共産党の最初の党員は50人余。それが8200万人まで増え、資本家の党員がいる党になりました。大きく変質したのです。

▼「世界の工場」から「世界の市場」へ

２００２年（平成14年）の共産党大会で、共産党トップの総書記は、江沢民から胡錦濤*に交代します。翌年の全国人民代表大会で、国家主席にも就任しました。

胡錦濤は、独自の理論として「科学的発展観」を打ち出します。都市と農村の発展、沿岸部と内陸部のバランスのとれた発展、経済と社会の公平な発展、人と自然の調和をめざすというものです。これを「和諧社会」と称しました。

しかし、バランスのとれた経済発展ができないまま、中国は経済大国に発展します。それが、国内総生産（ＧＤＰ）世界２位の座です。

中国は２０１０年（平成22年）、ＧＤＰで日本を抜いて世界２位になりました。その後も、中国と日本のＧＤＰの差は開くばかりです。この勢いだと、中国は２０２０年（平成32年）頃には米国と肩を並べ、世界一になりそうです。

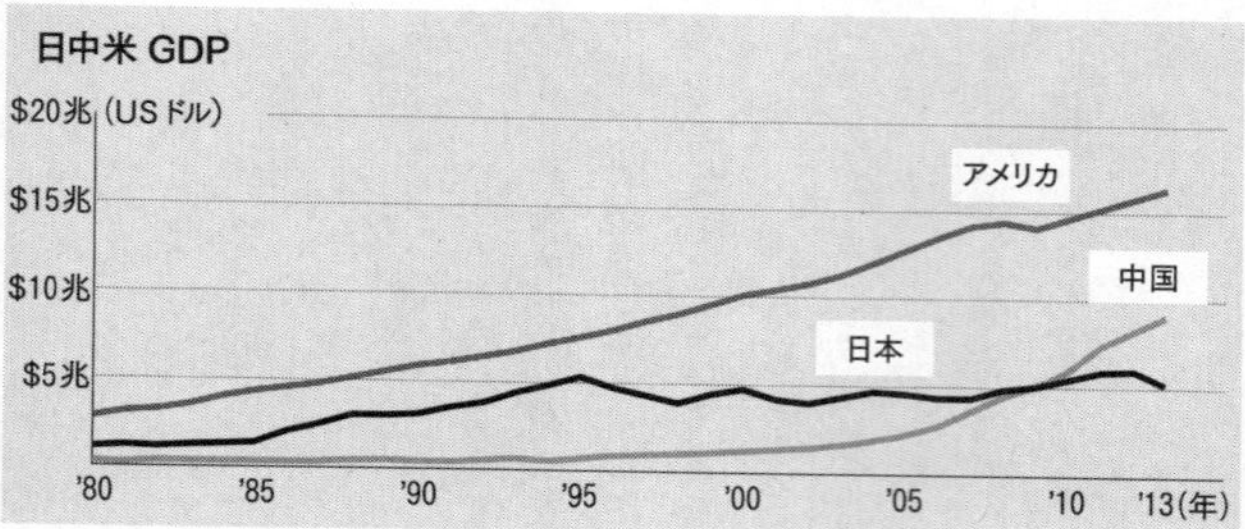

中国の1992年（平成4年）から2001年（平成13年）までの経済成長率は年平均9・9％でした。いまでも7％前後の成長率を維持しています。もっとも、7％程度を確保しないと、大量に生まれてくる新規労働力を吸収できないという事情もありますが。

中国の国家統計局によれば、2011年（平成23年）末時点の都市人口は6億9079万人、農村人口は6億5656万人。初めて都市人口が農村人口を上回りました。先進国の都市人口の比率は平均8割程度ですから、中国はまだ先進国のような人口構成にはなっていませんが、ついに「ルイスの転換点」を迎えたと言われています。「ルイスの転換点」とは、英国の経済学者アーサー・ルイスが提唱した理論で、工業部門で完全雇用が達成された節目のことです。

中国のような農業国では、工業が発展する過程で、工業部門が農業人口を吸収します。多大な農業人口を抱える中国では、農村地帯から無尽蔵とも思える人口が工業部門に流入してきました。人口過剰状態ですから、工業部門で働く労働者の給料は上がりません。人件費が安いままでした。

*胡錦濤（1942〜）　59歳の若さで中国共産党総書記に。親日派の胡耀邦の薫陶を受けたことがあり、前任の江沢民に比べれば日中関係に柔軟とされた。

ところが、ルイスの転換点を過ぎると、工業部門へは、従来のような労働人口の流入がなくなり、人件費が上昇を始めます。沿岸部では労働力不足が顕著になり、人件費が上昇。賃金引き上げを求めて労働者のストライキも頻発するようになりました。

このため、**安い人件費を求めて進出してきた外国企業が撤退する動きも出始めました。**

こうなると、中国経済は発展のペースが鈍ります。その一方、労働者の所得が増えることで需要は高まります。その結果、中国は「世界の工場」から「世界の市場」へと移行しつつあります。

春節（旧正月）で帰郷するため、北京駅前は大きな荷物を抱えた出稼ぎ労働者で大混雑。この時期、延べ20億人が国内を移動する。

▼政府への不満から「反日」暴動へ

北京や上海など中国の大都市を歩くと、工事現場などで働く労働者の姿を見かけます。彼らの多くは、農村地帯からの出稼ぎ者。いわゆる「農民工」です。都市部に住む住民ではなく、農村から出てきた人々によって、都市の発展・繁栄が支えられているのです。

中国では、都市の戸籍*と農村の戸籍がはっきり分かれています。**農村に生まれた人は、生涯にわたって農村戸籍から逃れられません。**都市で働いていても戸籍が与えられず、子どもが生まれても学校に通わせることができません。子どもは、戸籍のある農村部の学校にしか通えないのです。

農村戸籍の若者が、都市部の大学に進学・卒業して都市部で就職すると、都市の戸籍を与えられます。農村の貧困から脱出するには、これが一番の近道です。こうして中国の大学受験戦争は激化するのです。

生まれが、そのまま生涯の人生の方向を決める。まるで封建時代の階級社会のようです。

こうした不満が、中国全土に充満しています。民主主義社会では、国民の不満は、選挙によって代表を選ぶという形で中央に届き、政府に対する不満は、次の選挙での政権

中国に出店した牛丼の吉野家の前で行進する反日デモの参加者。

***戸籍**　中国では母の戸籍に入る。都市の「城鎮戸籍」と農村の「農業戸籍」があり、国民の6割を占める農民には年金がない。

交代を引き起こします。これによって社会の不満のガス抜きになるのですが、中国には、この回路がありません。国民の不満は、しばしば暴動という形をとります。中国各地では毎日のように暴動が発生していて、平均1日300件にも達すると言われています。

尖閣諸島をめぐる反日暴動も、多分にこうした暴動に近いものがあります。**中国ではデモや政治集会はほとんど認められませんが、「反日」と銘打てば可能**になります。「反日」を旗印に、暴動になった部分があるのです。事実、警察や共産党の建物を襲撃する若者が出たほどです。

北京オリンピックのメインスタジアム「鳥の巣」。
北京周辺は大開発され、住民の立ち退き問題も起きた。

▼勝手に土地が処分される!

とりわけ住民の不満が高まるのが、突然の立ち退き命令です。地方政府が、土地の使用権を売却して収入を得ようとするからです。住民の知らないところで土地使用権が売却され、立ち退きを命じられるケースが相次いでいます。

中国では、土地は「人民のもの」。個人所有は認められません。認められるのは使用権だけです。土地が「人民のもの」ということは、その土地をどうするかは、「人民の代表」が決定します。つまり、地方政府が勝手に処分してしまうのです。

2010年（平成22年）に地方政府が不動産売却で得た収入は約37兆円に上りました。地方の官僚は、土地開発業者に土地の使用権を売ることで、見返りの賄賂を受け取ります。売却額の3割は賄賂に消えるという推定もあります。

こうした汚職の蔓延に、住民は一段と不満を募らせるのです。でも、地方政府の幹部も警察・検察も新聞・テレビも共産党が押さえていますから、汚職が摘発されることはめったにありませんし、メディアが報じることもありません。**土地使用権の売却額はGDPに換算**されます。中国のGDP拡大には、こうしたケースが多いのですが、決して持続可能な発展モデルにはなりません。これが**中国経済の弱点**でもあるのです。

▼毛沢東時代への郷愁

こうした格差拡大にいら立ちを募らせる人々の中に、毛沢東時代への郷愁も生まれます。毛沢東時代は、国民みんなが貧しかったのですが、それは「平等」ということでもありました。貧しくても平等な時代への郷愁は、毛沢東の肖像画を掲げる運動に発展したりします。これは、現政権に対する批判なのですが、建国の父である毛沢東の肖像画を掲げることを取り締まることはできません。

これを利用したのが、重慶市の共産党書記だった**薄熙来**[*]でした。汚職を追及し暴力団を追放するという「打黒」や、革命歌を歌おうという「唱紅歌」の運動で住民の支持を獲得しました。毛沢東時代を懐かしむムードを高めたのです。

薄熙来は、これをバネに共産党幹部への道を進もうと野心満々だったのですが、この運動に対して、当時の胡錦濤国家主席や温家宝首相は、毛沢東が引き起こした文化大革命のような混乱を再来させかねないと警戒します。

結局、薄熙来の妻が仕事のパートナーだった英国人を殺害した容疑で逮捕されたことから、薄熙来本人も失脚しました。

▼恐るべき食品汚染

汚職が広がる一方、もうけ第一主義の風潮が引き起こしたのが、食品汚染の数々です。

２００３年（平成15年）ごろから偽の粉ミルク事件が起きました。安徽省で少なくとも10人以上の乳児が栄養失調で死亡する事件がありました。親が飲ませていた粉ミルクが偽物で、タンパク質がほとんど含まれていなかったのです。

この事件では、ほかにも100人以上の乳児が栄養失調にかかりました。

金もうけのためなら、ここまでやるか、という驚くべき犯罪でした。

2007年(平成19年)には、米国などで中国産の原料を使ったペットフードを食べた犬や猫が多数死亡する事件がありました。

原因は、ペットフードに含まれていたメラミンが、体内で反応して結晶ができ、腎不全を引き起こしたものでした。プラスチック原料の「メラミン」が、ペットフードの中のタンパク含有量(窒素含有量)を多く見せかけるために混入されていました。

中国・山東省で、スーパーの粉ミルクを調べる地元当局の職員。

*薄熙来(1949〜) 北京市出身、政治家の二世。共産党籍を剥奪され、2013年から裁判にかけられる。妻は弁護士で、アメリカで中国企業の勝訴を勝ち取り有名になった。

２００８年（平成20年）には人間にも被害が出ます。河北省石家荘市の「三鹿集団」によって製造された粉ミルクを飲んだ乳児が腎臓結石にかかったのです。メラミン入りの牛乳が原料として使われ、三鹿集団にメラミン入りの牛乳を売った搾乳業者２人が逮捕されました。

その後、「伊利集団」「蒙牛集団」「光明集団」の牛乳からもメラミンが検出され、ヨーグルトやアイスクリームなど乳製品を利用した製品全体に被害が拡大しました。

２００７年（平成19年）暮れから翌２００８年（平成20年）にかけては、中国・河北省の天洋食品が製造し、日本たばこ産業（ＪＴ）の子会社ジェイティフーズが輸入、日本生活協同組合連合会が販売した冷凍ギョーザを食べた千葉県や兵庫県の３家族計10人が下痢や嘔吐《おうと》などの中毒症状を起こします。冷凍ギョーザから「メタミドホス」など有機リン系殺虫剤が検出されました。

これは、金もうけ主義が原因ではなく、会社に不満を持った元従業員が農薬を故意に混入させたことがわかりました。

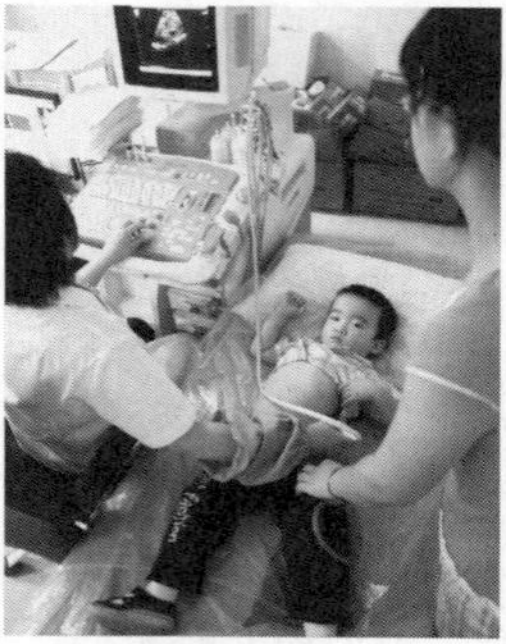

プラスチック原料「メラミン」で汚染された粉ミルクで、乳児が腎臓結石などを発症した。河北省石家荘市の病院で検査を受ける子ども。

しかし、中国の警察当局は、当初日本で混入された疑いがあるなどと主張し、中国国内での捜査が進まなかったことがありました。これ以降、中国製食品の安全性について日本国内で不安が広がりました。

「地溝油」という言葉が知られるようになったのは2010年（平成22年）のことでした。下水道に流される食用油をすくい取って精製し、再利用されていたことが明らかになったのです。これは前から噂になっていましたが、国営ラジオの放送で明らかになりました。

これは中国では地溝油と呼ばれ、食用油の年間消費量の10％は地溝油であることが明らかになりました。中国国内の屋台などでは、「当店では地溝油を使用していません」という看板が出るほどです。

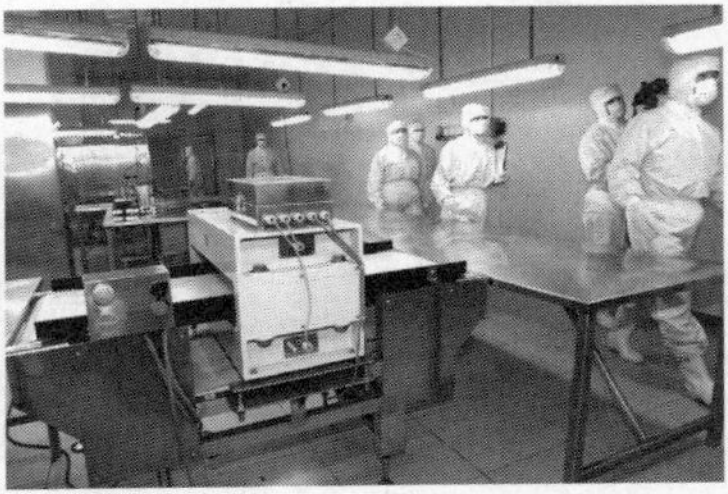

中国製ギョーザ中毒事件の「天洋食品」の工場内を視察する日本政府の調査チーム。中国の捜査が進まず、日本から派遣された。

▼2025年、人口減少に転じる

最近の中国は高齢化が進んでいます。1980年代、人口急増に歯止めをかけようと、

「一人っ子政策」を推進したからです。夫婦の間で産んでいい子どもの数はひとりだけ。２人以上を産むと、罰金を払わされたり、給料をカットされたり、職場での昇進の道が閉ざされたりしたのです。２人目を妊娠すると、強制的に中絶させられることもありました。

その結果、中国社会は急激な高齢化が進んでいます。60歳以上の高齢者はすでに2億人を超えています。２０３０年（平成42年）には中国人の４人に１人が60歳以上という事態になる見通しです。

国家統計局によれば15歳から59歳までの労働力人口は、２０１２年（平成24年）の12月末時点で初めて減少に転じました。総人口も２０２５年（平成37年）ころから減り始めます。

豊富な労働力に支えられて発展してきた中国が、労働力不足に陥るのです。中国の発展は、いつまでも続くものではありません。

２０１２年（平成24年）11月の中国共産党大会で、総書記は胡錦濤から習近平にバトンタッチされました。そして２０１３年（平成25年）３月の全国人民代表大会で、国家主席も習近平に。いよいよ習近平時代の幕開けです。

中国建国60年の国慶節前夜のパーティーに出席した歴代の指導者たち。左から江沢民前国家主席、賈慶林政治局常務委員、習近平国家副主席、胡錦濤国家主席ら。

中国の指導部は、これで第5世代に入ります。世代別の顔ぶれは以下の通りです。

第1世代　毛沢東　周恩来
第2世代　鄧小平
第3世代　江沢民　朱鎔基
第4世代　胡錦濤　温家宝
第5世代　習近平　李克強

第5世代では、李克強が温家宝に代わって首相を務めます。
「中国の夢」を連呼する習近平国家主席。そこで見る夢は、どんなものなのでしょうか。

Lecture 11

通貨

お金が「商品」になった

▼「アベノミクス」で円安進む

このところ円安が進んでいます。円安ではなく、過度の円高の是正にすぎないという見方もありますが。これにより、自動車メーカーなど輸出産業の収益好転が見込めることから、株価の上昇も続いています。

これは、大胆な金融緩和によって円高の是正を目指す「**アベノミクス***」効果だと言われています。

その一方、円安によって**輸入商品は値上がり**しています。石油や天然ガスの輸入価格も上昇したため、火力発電所に頼っている電力会社は、軒並み電力料金の引き上げに踏

み切りました。

このように、**円高・円安**は、私たちの日々の暮らしに大きな影響を及ぼすようになっています。毎日のニュースでも**外国為替市場**の情報は欠かせなくなっています。

しかし、かつて（私が学生の頃）は円高・円安の言葉はありませんでした。**1ドルは360円に固定**されていたからです。

なぜ、いまのようになったのか、歴史を振り返ってみましょう。

外国為替市場
外国通貨との両替を「為替」という。取引は電話やコンピューターで行われ、どこかに「いちば」があるわけではない。

▼ドルが「世界のお金」になった

第2次世界大戦の最中の1944年（昭和19年）7月、米国のニューハンプシャー州ブレトンウッズのリゾートホテルに、連合国44カ国の代表が集まりました。大戦後の国

*アベノミクス　安倍晋三首相が2012年の第2次安倍内閣で掲げた経済政策。大胆な金融政策、機動的な財政政策、民間投資を喚起する成長戦略を「三本の矢」の基本方針とする。

際通貨体制を検討するためでした。

この頃の日本は、太平洋戦線で米軍と死にもの狂いの戦争をしていたのに、米国は、すでに戦後体制の準備を始めていたのです。

ここでは、戦後の「世界のお金《カネ》」（＝基軸通貨）をどうするかが話し合われました。それまで「世界のお金」は英国のポンドでしたが、戦争で英国経済は疲弊。世界の金《キン》の大半は米国が保有するまでになっていました。これを背景に、「世界のお金」の地位をドルに代えたい米国のホワイト（ハリー・ホワイト財務次官補）案と、まったく新しい国際通貨（バンコール）の創設を求める英国のケインズ（経済学者の**ジョン・M・ケインズ***）案が対決しました。

結局、米国の国力を背景に、ホワイト案が採択されました。国際通貨基金（ＩＭＦ）と国際復興開発銀行（略称・世界銀行）の設立が決まり、外貨不足に陥った国が出たら、ＩＭＦが資金を貸し出すことで国際金融の安定化をはかることにしました。

貨幣の基本となる金
第２次大戦でアメリカだけは戦場にならず、各国に商品を売った金が入ってきた。世界の公的機関のもつ金の60％がアメリカに集中した。

世界の通貨はドルに固定され、外国政府が米国政府に対してドルを金《キン》に交換するように求めれば、米国は、金1トロイオンス（約31・10グラム）を35ドルで交換する仕組みになりました。

▼あえて「円安」の1ドル＝360円に

戦後、日本が貿易を再開することになると、円をドルといくらで交換するかを決めなければならなくなりました。その結果、1949年（昭和24年）、1ドルは360円に固定されました。

ちなみに、明治時代のはじめは1ドルが1円でしたから、そこから考えると、日米の経済力の格差が大きくなったことがわかります。

円とドルをいくらで交換するか。1948年（昭和23年）、米国の調査団が来日し、1ドル＝300円を基準に上下1割の範囲内で為替レートを設定するように勧告します。

***ケインズ**（1883～1946）　公共事業による景気回復を提唱し、世界恐慌時、米国のニューディール政策の後ろ盾となった。バンコールは英語のbank（銀行）と仏語のor（金）からの造語。金も含め約30種の通貨をベースにした世界通貨を提唱した。

当初、連合国軍総司令部（ＧＨＱ）の司令官マッカーサーは1ドル＝330円を考えましたが、米国政府は**1ドル＝360円**[*]に決定します。**あえて円安に設定すること**で、**日本経済の復興**を考えたのです。円安であれば、輸出産業を中心に日本経済の復興に役立つだろうというわけです。

当時は東西冷戦が始まっていました。米国側につくと経済が発展する、ということを示そうと考えたのです。日本は、**資本主義経済のアジアでのショーウインドー**の役割が期待されました。

▼ドルが世界にあふれた

第2次世界大戦後、東西冷戦の中で、米国は、ドルが世界のお金になったことを利用して、世界にドルをバラまきます。まずは「**マーシャル・プラン**[**]」でした。

戦場になった欧州諸国は、経済が疲弊していました。

米ドルが世界の基軸通貨となった。

このままでは国民の不満が高まり、社会主義革命が起こりかねないと心配した米国は、マーシャル国務長官の音頭で、1948年（昭和23年）から4年間、西欧諸国の復興に資金援助します。これがマーシャル・プランです。ドルが世界のお金ですから、ドルを渡せばいいのです。

この援助で多額のドルが西欧に流入。西欧諸国は、このドルで米国から買い物をします。ドルが米国内に還流しました。こうした好循環が実現したのです。

しかし、その後、朝鮮戦争、ベトナム戦争のたびに、米国は多額の資金を費やすことで、大量のドルが海外に流出します。

ドルを受け取った国は、米国に対して金との交換を要求できました。

ドルが世界にあふれることで、米国の保有する金の量が減少に転じます。1949年（昭和24年）には245億ドル分あった金の量が、1959年（昭和34年）には195

＊1ドル＝360円　GHQ経済顧問として来日したジョセフ・ドッジ（デトロイト銀行頭取）が設定した。厳しい財政金融引締政策「ドッジ・ライン」を指揮し、インフレを収束させた。

＊＊マーシャル・プラン　第2次大戦中のアメリカ陸軍参謀総長ジョージ・マーシャルが戦後に国務長官となり、マーシャル・プランを提唱。当初は欧州全体を対象にしていたが、ソ連は東欧各国に援助を拒否するよう圧力をかけた。

億ドル分、1970年（昭和45年）には111億ドル分と激減したのです。

これを見た英国政府やフランス政府は、「金がなくならないうちに」とばかりに、米国に対してドルを金に交換するように迫ります。こうなると、ますます金が海外に出ていきます。とうとう米国は、金の交換に応じる余裕がなくなってしまいました。米国内にある金の量より、海外にあるドルの量の方が多くなってしまったからです。

▼ニクソン・ショックが来た！

米国は、こうした窮状に居直ります。1971年（昭和46年）8月15日、ニクソン大統領は、**「ドルと金の交換に応じない」**と演説したのです。

これは「**ニクソン・ショック**」と呼ばれました。

ニクソン声明は、ドルと金との交換に応じないことで、金の流出を防ごうとしました。と同時に、ドルの引き下げを狙いました。これまで

ニクソン・ショック
ニクソン声明は他国には一切知らされず、全米向けテレビとラジオで放送された。混乱を恐れて世界各国は為替市場を閉鎖したが、日本だけが市場を開き続けたためドル売りが殺到。大きな損害を出した。

のドルの価値は、いつでも金と交換できることが裏付けになっていました。金と交換できなくなれば、それだけドルが値下がりして、貿易に有利だと考えたのです。**ドル安政策**でした。

それまでのドルは、いつでも金と交換できるという安心感があることで、世界のお金として基軸通貨の地位を保ってきました。金と切り離されることで、ドルはその地位を失っても仕方なかったのですが、引き続き基軸通貨の立場を保ちました。ドルに取って代わる通貨が存在しなかったからです。

▼変動相場へ

ドルの価値が下がると、各国通貨を、これまでのレートでドルと固定しておくわけにいきません。改めて交換レートを定めなければなりません。

その年の12月、米国ワシントンのスミソニアン博物館を舞台に会議が開かれ、為替レートの見直しが行われました。金1トロイオンスの価値を35ドルから38ドルに変更したのです。それだけドルの価値が下がったのですから、1ドルは308円になりました。これを「スミソニアン体制」と呼びます。

当時、1ドルが360円から308円になったことを「円高」と呼ぶと聞いて、多くの人が不思議な気がしたものです。1ドルが360円から308円になることは、まるで値下がりしたかのように思えたからです。

しかし、スミソニアン体制は長続きしませんでした。「いずれまた為替レートの変更がある」と読んだ**投資***家が、**投機****的な動きを示すようになったからです。

たとえばドルを円に換えておき、いずれ一段とドル安が進んだときに円からドルに戻せば、労せずして差額を利益として得られます。こうした投機的な動きは、国際経済を不安定なものにします。

その結果、1973年（昭和48年）2月、外国為替は、**変動相場制**に移行します。それまでは固定相場でしたが、これ以降、為替レートは日々変動するようになったのです。

円高（ドル安）の輸出入への影響

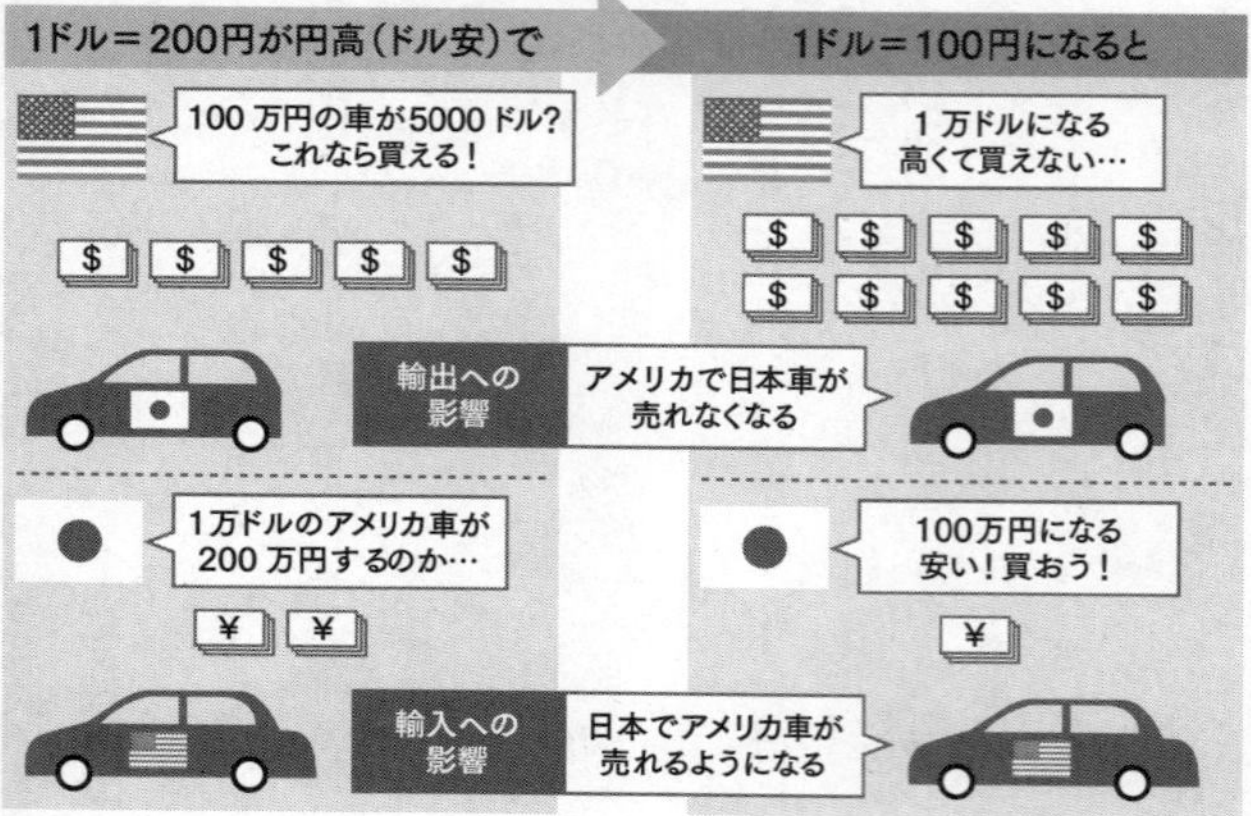

▼そしてお金が「商品」になった

変動相場制により、何が起きたのか。まずは、**米国の「浪費体質」**に歯止めがかからなくなりました。

それまでは、米国のドルが海外に出ていくと、回りまわって、米国の金との交換の要求が出ましたが、ドルと金とを切り離したことで、米国は安心してドルでの支払いを続けます。輸入によって、海外に大量のドルが流出しました。

世界にドルがあふれれば、一段とドル安が進みます。つまり、結果的に円高に弾みがつく形になったのです。

また、相場が変動することを利用して利益を上げるチャンスが出ました。たとえば1ドル＝300円のときに100万ドルを円に換えておくと、3億円です。1ドルが200円になったところでドルに戻せば、3億円は150万ドルになります。

***投資**　将来の利益を目的として、資金や資本（生産手段）を投じること。

****投機**　将来の価格変動を予想して、その差額で利益を得るため、商品や有価証券を売買すること。投資の一部だが、よりリスクが高い。

商品を安く仕入れて高く売る。商売の基本ですね。**外国為替の変動を利用して、お金という「商品」を安く仕入れて高く売ることが可能**になります。まさにお金が「商品」になったのです。

▼デリバティブ取引が発達

外国為替が日々変動すると、貿易に**為替リスク**が発生します。

たとえば、1ドル＝100円のときに1億ドルの商品を輸出して、1年後に支払いを受けるとします。為替相場に変動がなければ、1年後の時点で100億円を受け取れます。

ところが、もし支払いを受ける段階で1ドル＝80円になると、80億円しか受け取ることができません。20億円の損失になります。これを為替差損といいます。

もちろん、この逆もありえます。これは為替差益です。

こうした為替変動によるリスクを少しでも減らす手法が開発されるようになります。

それが**オプション取引**です。

たとえば1ドル＝100円のときに輸出する場合、1年後に1ドル＝100円で交換できる権利（オプション）を購入するのです。たとえば100億円につき5億円で購入したとしましょう。こうしておけば、たとえ1年後に1ドルが80円になっても100億円が手に入ります。

一方、1ドルが120円になっていたら、オプションを放棄すればいいのです。5億円は無駄になりますが、それ以上に為替差益を手にできます。

こうしたオプション取引は、将来の損失のリスクをヘッジする（避ける）ことです。リスクヘッジの手法が発達し、こうした手法で資金を増やそうというヘッジファンドが続々と誕生しました。

オプション取引は、さらに発達して、オプションのオプションという手法も編み出されます。オプション自体を小分けして、新しい商品として売り出すことも可能になります。本体の金融取引から派生した金融商品が生み出されるようになったのです。こうした取引は「**デリバティブ取引**」と呼ばれるようになりました。デリバティブとは「派生」という意味です。

こうなると、為替のわずかな変動でも大もうけや大

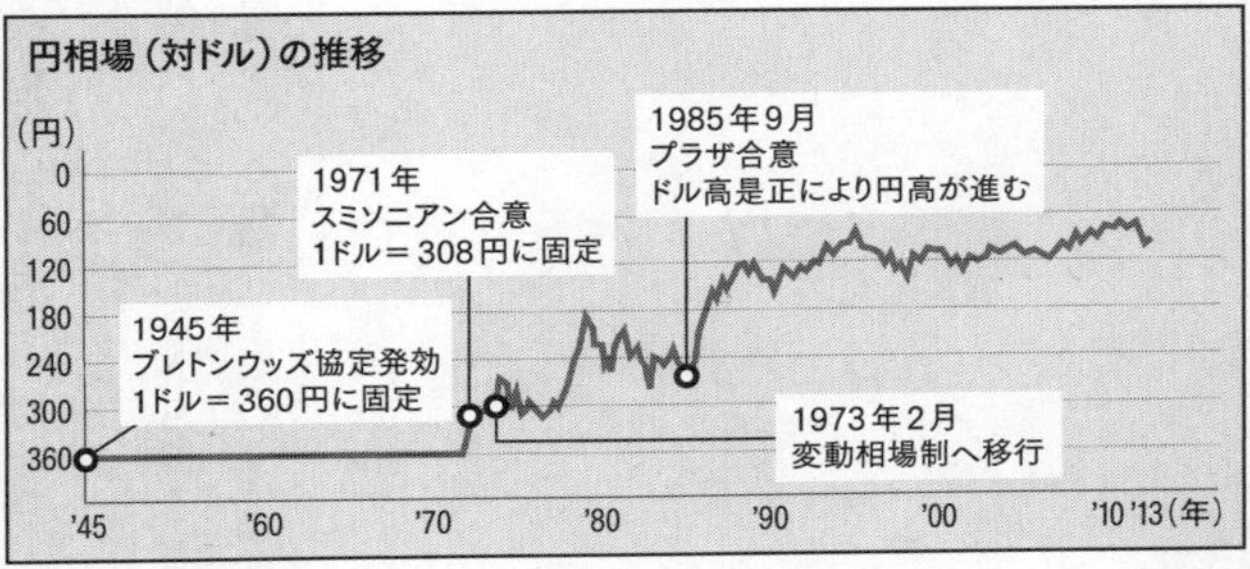

為替は激しく変動するようになった。

損が発生します。**為替取引が、まるでギャンブルのような様相**を呈するようになりました。これも、お金が「商品」になったからです。

２０１２年暮れからの円安によって、巨額の利益を上げたヘッジファンドもあるといいます。安倍首相の経済政策「アベノミクス」を利用して利ザヤを稼ぐ。こうした思惑も加わり、外国為替市場は動いているのです。

Lecture 12

エネルギー
石油を「武器」にした人々

▼アベノミクスなくとも円安に

いわゆる**安倍晋三**首相の経済政策「アベノミクス」によって、円安が進んでいます。安倍政権が「大胆な金融緩和を」と主張していること、日本銀行総裁に**黒田東彦**[*]氏が就任して市場の予想を上回る金融緩和を打ち出したことで、円安が加速しました。

金融緩和とは、市場に円をジャブジャブと供給すること。円が多く出回れば、「需要

***黒田東彦**（1944〜）　元財務官。財務省OBから15年ぶりに日銀総裁に就任。質・量ともに次元が違う「異次元金融緩和」を打ちだした。

と供給」の関係で、円の値段が下がる、というわけです。

しかし、アベノミクスを打ち出さなくても、円安は進行していただろうという見方もあります。それは、原油などの輸入が激増しているためです。

商社の業界団体である日本貿易会によれば、日本の貿易赤字は２０１３年度（平成25年度）は11兆４６８４億円、２０１４年度は12兆７８１３億円です。これで、４年連続の赤字になります。

２０１１年（平成23年）３月の東日本大震災以降、全国の原子力発電所の運転が止まり、日本の電力は火力発電が中心になっています。そのため、石炭、石油、天然ガスの輸入が激増しました。こうしたエネルギー源輸入の支払いは「世界のお金」であるドルです。ドルを得るためには、円をドルに交換しなければなりません。いわゆる「円を売ってドルを買う」という行動です。

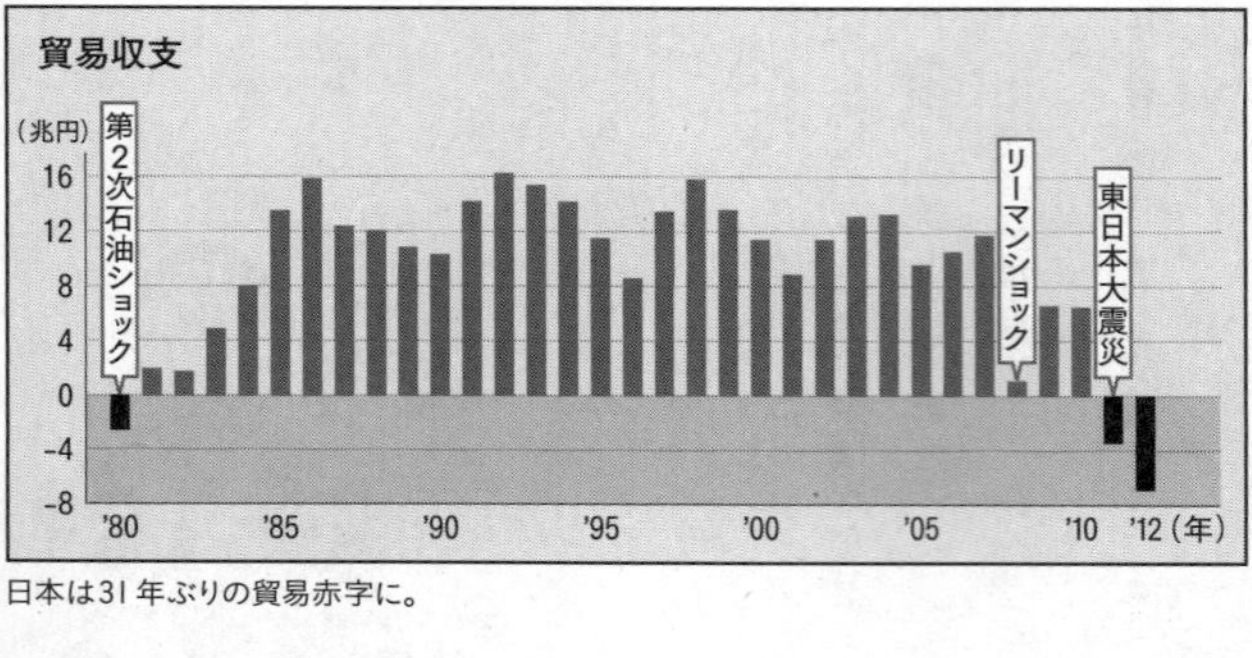

日本は31年ぶりの貿易赤字に。

「円はいらない、ドルが欲しい」という人が増えれば、需要と供給の関係で円安が進みます。つまり、アベノミクスがなくても、いずれ円安が進んだろうというわけです。ただ、世界の投資家たちは、「いずれ円安に転じるだろう」と考え、そのタイミングを見計らっていたときにアベノミクスが打ち出された、という事情があります。その意味では、「アベノミクスが円安を加速した」という表現が適切なのかもしれません。

このような円安が続くと、「円安が円安を呼ぶ」ということになりかねません。円安になると、石油や天然ガスの円建て価格が上昇し、これまで以上に円をドルに交換する動きが強くなるからです。円安は輸出産業にとって朗報ですが、海外にエネルギー源を頼っている産業にとっては、いいことではありません。

このように、石油価格の変動に一喜一憂する現代。石油価格が世界情勢を動かす時代になった歴史を振り返ってみましょう。

▼トイレットペーパー騒動があった

1973年（昭和48年）11月、関西のスーパーマーケットで、突如トイレットペーパーが売り切れました。トイレットペーパーを求めて主婦たちが詰めかけたからです。

「石油の輸入が止まると、トイレットペーパーが作れなくなるらしい」という噂が広まったためでした。

何の根拠もない噂だったのですが、この不思議な騒動を面白いと受け止めたマスコミは、全国ニュースで取り上げました。途端に全国のスーパーマーケットの店頭からトイレットペーパーが姿を消しました。ニュースを見た全国の消費者が、不安になって買い占めに走ったからです。

「トイレットペーパーがなくなるらしい」という噂は、その通りになってしまったのです。その後は、店にトイレットペーパーが入荷しても、すぐに売り切れ。買い占めすぎて、押し入れがトイレットペーパーでいっぱいになってしまった家庭も続出しました。実際にはトイレットペーパーの品不足など起きていなかったのですが、みんなが買い占めたことで、品不足になってしまったのです。パニックとは恐ろしいものです。

1973年、大阪の大手スーパーでトイレットペーパーの買いだめをする人々。オイルショックにより買い占めや便乗値上げの横行で「モノ不足」感が広がっていた。

この前月、中東の石油輸出国が**原油価格の引き上げ**と**生産削減を発表していました。**石油を中東からの輸入に頼っていた日本国内で漠然とした不安が広がっていました。**水洗トイレが普及し始めたばかりの日本社会**で、その**不安がトイレットペーパー不足とし**

て顕在化したのです。日本でトイレットペーパー騒動を引き起こした原因。それが、中東の原油生産国が発動した石油戦略でした。

▼石油を武器にした産油国

1973年（昭和48年）10月、エジプトとシリアがイスラエルを奇襲攻撃し、**第4次中東戦争**が始まりました。過去の中東戦争では、イスラエルが周辺のアラブ諸国との戦争に勝利していました。とりわけ第3次中東戦争では、エジプトがイスラエルの奇襲攻撃によって手痛い敗北を喫しました。今回は、その報復の意味もあり、エジプト側の奇襲でした。

この攻撃に合わせて、**石油輸出国機構（OPEC）***に属するペルシャ湾岸6カ国が、原油の公示価格を約70％引き上げると発表しました。OPECに当時加盟していたのは11カ国。加盟国は中東地域に限りませんでしたが、このうち中東地域の諸国が、原油価格引き上げに踏み切ったのです。

*OPEC　1960年発足。原油引き上げをした6カ国は、サウジアラビア、イラン、イラク、クウェート、アラブ首長国連邦、カタール。

同時に、**アラブ石油輸出国機構（OAPEC）***加盟の全10カ国が、イスラエル支持国向けの石油輸出を毎月5％ずつ削減すると発表しました。中東戦争でイスラエルを追い込むための戦略でした。このとき、「アラブを支持する国、イスラエルに占領地からの撤退を求める強い措置を取った国には、従来通りの量を供給する」とも発表しました。さらに、イスラエルを援助している米国とオランダには全面禁輸を打ち出します。

中東諸国には、中東戦争を有利に展開できるという以外にも、以下のような思惑がありました。

中東諸国には石油生産の将来への不安がありました。いずれ石油が枯渇する事態に対する不安です。産油国同士で協調して生産量を調整すれば、価格を引き上げられて産業基盤の整備になるし、資源を長持ちさせられる。こう考えたのです。

そこには、**石油価格の決定権を先進国から奪い取る狙いもありました。**

▼決定権は「7人姉妹」から産油国へ

1930年代以降、世界の石油資源は、米国、英国、オランダ系の大手7社の石油会社が牛耳っていました。これらの会社は、「石油メジャー」あるいは「**セブン・シスターズ****」と呼ばれました。7社は、カルテルを結び、価格を協定。世界の石油価格を決めて、巨大な利潤を上げていました。石油産出国は、セブン・シスターズには太刀打ちできず、価格は言いなり。「買い手市場」だったのです。

1959年（昭和34年）2月、7社が、産油国の了承なしに原油価格の引き下げを発表します。不満を抱いた産油国は、アラブ連盟の第1回アラブ石油会議を開催し、7社に対して、原油価格を改定するときは事前に通告するように要求しますが、受け入れられませんでした。産油国の不満が高まります。

1960年（昭和35年）8月、国際石油資本が再び価格の引き下げを行うと、石油産出国は激しく反発。翌月、イラクの呼びかけに応じてバグダッドに集まり、OPECを設立しました。これ以降、産油国とセブン・シスターズの主導権争いが激化します。

その結果、第4次中東戦争を契機に、OPECが石油価格決定の主導権を握ったのです。

*OAPEC　1968年に発足。加盟国10カ国はサウジアラビア、アルジェリア、バーレーン、エジプト、アラブ首長国連邦、イラク、クウェート、リビア、カタール、シリア。

**セブン・シスターズ　①スタンダードオイル・ニュージャージー（米、現エクソンモービル）②ロイヤル・ダッチ・シェル（英＋オランダ）③アングロペルシャ石油会社（英、現BP）④スタンダードオイル・ニューヨーク（米、現エクソンモービル）⑤スタンダードオイル・カリフォルニア（米、現シェブロン）⑥ガルフオイル（米、現シェブロン、一部はBPに）⑦テキサコ（米、現シェブロン）。

▼石油ショックが日本を襲った

石油の急激な値上がりで、日本を石油《オイル》ショックが襲いました。

原油の輸入価格は1バレル（約159リットル）当たり1972年度（昭和47年度）の平均2・6ドルが、1974年度（昭和49年度）平均では11・5ドルに達します。実に4倍以上の値上がりです。当時の日本のエネルギーの石油依存率は77％。その99％を輸入に頼っていただけに、石油価格の急激な値上がりは日本経済に大打撃でした。

当時、作家の堺屋太一氏が書いた近未来小説『油断！』は、まさに石油に頼った日本経済の脆弱性を活写していました。日本は、「油が断たれる」ことを考えずに、文字通り油断していたのです。

石油価格が上がると、石油を原料にしているプラスチック商品の値段も上がりますし、運送費にも跳ね返ってきますから、あらゆる商品価格が値上がりします。1974年（昭和49年）の卸売物価は実に37％も上昇し、小売物価は25％上昇しました。こうなると、労働組合は賃金引き上げを求めます。賃上げ率は平均32・9％に達しました。物価上昇が賃金上昇になり、コストを引き上げ、それがさらに物価上昇の引き金になるという悪循環に陥ります。インフレの発生です。

日本銀行は、**公定歩合***を9％にまで引き上げてインフレ退治をめざしますが、なかなか効果が出ません。現在の日銀は**政策金利****の誘導目標を掲げますが、当時は公定歩合で金利をコントロールしていました。

商品価格が上がることで、ものが売れなくなり、不況となります。通常は景気が過熱してインフレになるのですが、このときは、インフレであるにもかかわらず、不況となります。これは、「**スタグフレーション**」と呼ばれました。スタグネーション（停滞）とインフレーションの合成語でした。

石油価格の高騰で、エネルギーの節約が叫ばれます。電力の節約を呼びかけるキャンペーンが行われ、デパートやスーパーの営業時間は短縮されます。テレビの深夜放送（24時以降）は自粛。銀座など繁華街のネオンサインも消え、街はすっかり暗くなりました。東日本大震災によって電力不足が起きたときと同じような状態になったのです。

▼「アラブ寄り」より「アブラ寄り」

原油価格の高騰に苦しんだのは、他の先進国も同じでした。1975年（昭和50年）、

***公定歩合**　中央銀行が民間の銀行に資金を貸し出す際の金利。現在は使われていない。

****政策金利**　金融機関が資金を貸し借りする際の金利の水準。中央銀行が目標を定めてコントロールする。

フランスのジスカールデスタン大統領の呼びかけによって、第1回の**サミット（先進国首脳会議）**が、フランスのランブイエで開催されました。フランス、米国、英国、西ドイツ、イタリア、日本の先進6カ国が参加して、オイルショックとその後の不況からの脱出策を話し合ったのです。

サミットは、翌年にカナダも加わり、以後毎年開催されるようになりました。ソ連崩壊後は、ロシアが1997年（平成9年）から参加するようになります。ロシアの正式参加後は、「主要国首脳会議」と呼ばれるようになりました。

石油価格の高騰に困った日本政府は、中東戦争に対する姿勢を変化させます。OPECの方針発表直後の内閣官房長官談話は、「国連の決議にもとづいた平和の確立を望む」という、当たり障りのないコメントでした。それが、やがて、「我が国はパレスチナ人の平等と自決を認める国連決議を支持している」となり、さらに、「我が国政府としては、今後の諸情勢の推移如何《いかん》によっては、イスラエルに対する政策を再検討せざるをえないであろう」とまで言い切るようになりました。それまで中東問題に中立

オイルショックをきっかけにサミットが始まった。第1回サミット後の会見、右端は三木武夫首相。

の立場だった**日本が、アラブ寄りの姿勢**を示すようになったのです。
しかし、これは何も中東情勢に対する確固たる方針があったわけではありませんでした。そこで、日本政府の姿勢を、当時の日本のマスコミは、「日本はアラブ寄りというよりはアブラ寄り」と皮肉りました。

▼「オイル・マネー」と格差社会

アラブの石油産出国が石油価格を引き上げたことで、これらの国には、膨大な資金が流れ込みます。いわゆる「オイル・マネー」の発生です。潤沢な資金を手にした中東の富裕層は、この資金を世界に投資。一段と裕福になります。

その一方、オイル・マネーに無縁の人たちとの間の所得格差は拡大しました。これに不満を持つ人たちの間で、「みんなが平等だった預言者ムハンマドの理想の社会を再現しよう」という**イスラム原理主義***勢力が伸長するようになります。

また、世界では、産油国に資金が流入する一方、石油とは縁のない発展途上国には大

***イスラム原理主義**　原理主義とは、キリスト教の聖書を文字通りすべて信じる一派のことだったが、イスラム教に対しても使われるようになった。

打撃となります。
世界全体でも格差が拡大したのです。

▼石油ショックを乗り越えた日本

第4次中東戦争は開始後、2週間あまりで停戦になり、1973年（昭和48年）12月には、石油産出国の石油禁輸と生産調整が終了します。石油価格が安定し、世界は一息つきました。

しかし、石油価格の決定権は、買い手側ではなく、売る側に移りました。石油ショックに見舞われた日本は、それ以降、省エネが急激に進みます。石油消費の効率が高まりました。また、**燃費のいい自動車を生産**するようになり、**日本車が世界を席巻**します。日本経済は、試練を乗り越えて、強いものになっていきます。

一方、石油に頼らないで済むようにと、**日本のエネルギー政策は、原子力発電*の積極的推進**へ舵《かじ》を切ります。日本は有数の原子力大国になっていきます。

▼石油価格は一時低落

その後、石油価格は大きく変動します。

１９８２年（昭和57年）ごろからは石油価格が下がります。オイルショック後、先進諸国は石油備蓄の拡大や代替エネルギーの開発促進に力を入れたからです。さらに北海油田やメキシコなどの非ＯＰＥＣの産油量の増大などで、石油の供給は、むしろ過剰になったため、原油価格が低下したのです。

これに対して、石油産出国側は、生産調整や石油価格設定をめぐって足並みが乱れ、１９８５年（昭和60年）から１９８６年（昭和61年）にかけて石油価格は暴落します。石油価格の安い状態は１９９０年代を通じて続きました。

***原子力発電の積極的推進**　１９７４年に「電源三法」が制定され、原発をつくると自治体に交付金が出るようになった。

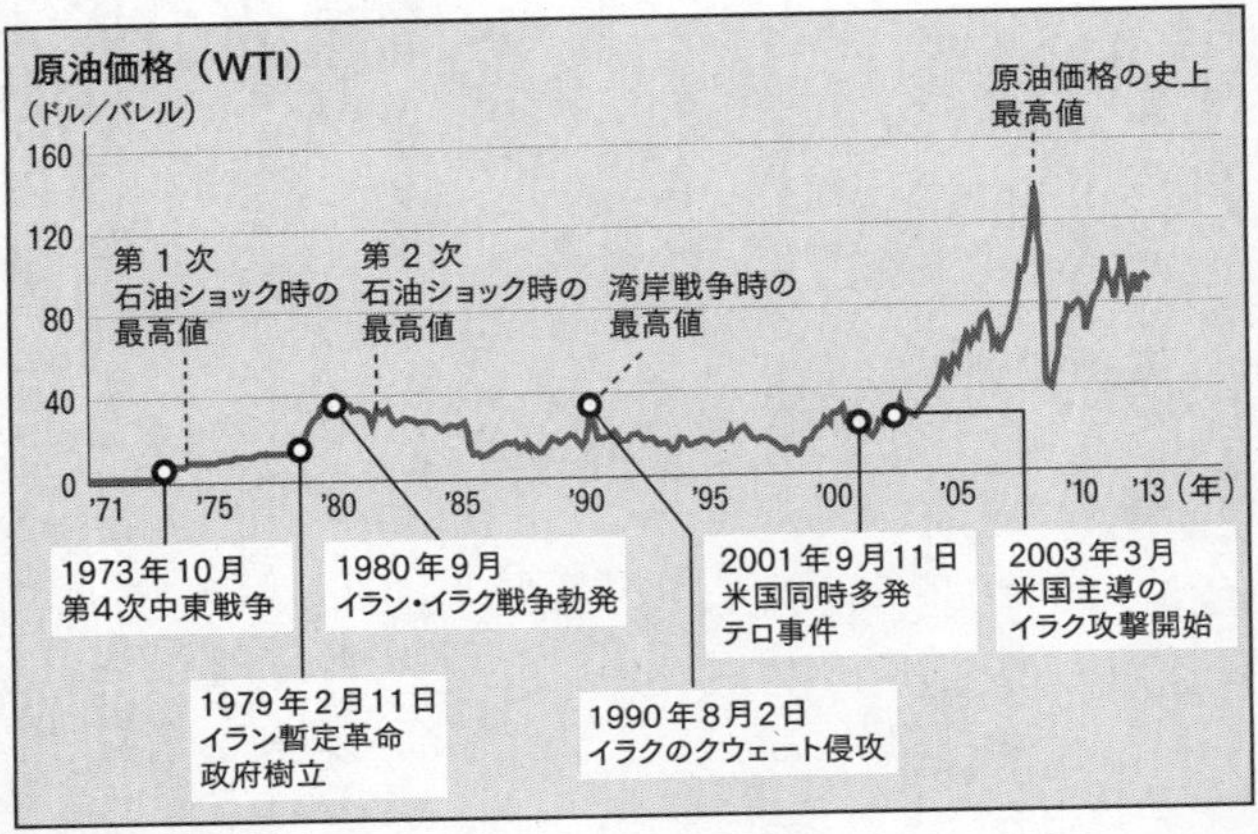

原油価格は高騰した。

この影響を受けたのがソ連でした。ソ連はOPECに加盟していませんでしたが、石油産出国でした。石油価格が上昇したときには高い利益を上げましたが、**石油価格低下で経済は悪化。やがてソ連崩壊へ**と進んでいきます。

石油価格の低迷に焦ったOPECは、1999年（平成11年）に全加盟国が協調して生産調整を行い、これによって原油価格を引き上げることに成功します。生産量を減らすことで、価格を引き上げたのです。さらに**BRICs***諸国など新興国の需要増大によって石油価格は高値が続くようになり、OPECの影響力も再び強まっていきます。

▼シェール革命で世界が変わる

このOPECの力も、21世紀に入ると、だいぶ様相が変わってきます。いわゆる「**シェール革命**」の進展に伴うものでした。

シェール革命とは、それまで採掘が不可能だとされていた「シェール層」（頁岩《けつがん》層）から天然ガスを取り出すことに成功したことです。硬い頁岩層の中には、天然ガスが存在していることは以前からわかっていましたが、採掘技術がなかったのです。

ところが、2000年代になって米国でシェールガスの採掘技術が確立します。さらには、シェールオイル（シェール層に存在する石油）の採掘も進むようになりました。

こうなると、米国は、エネルギーの自給自足が可能になります。２０１４年には世界最大の産油国になりました。

　このため米国内では、「米海軍の第５艦隊を中東地域に駐留させる必要がなくなったのではないか」という見方も出てきました。米国にとって、中東地域の重要性が薄れるというわけです。もし米海軍の存在がなくなった場合、石油タンカーの航路である「シーレーン**」は誰が守るのか、という議論が巻き起こります。

　エネルギーにおける中東の重要度はこれから減少に転じます。シェール革命は、世界情勢をも大きく変えるものになっていくのです。

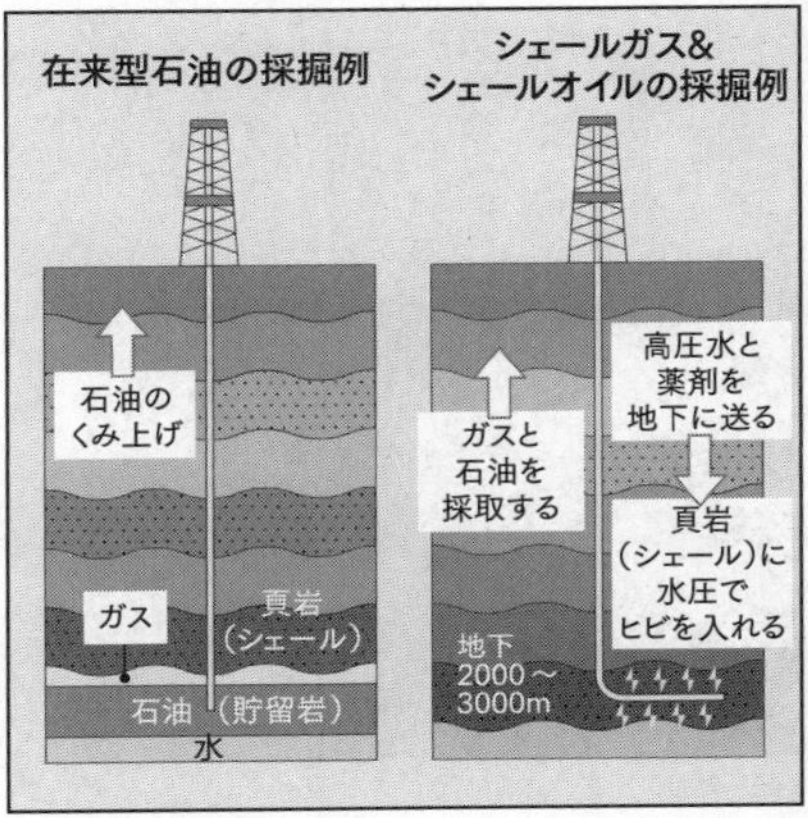

「シェール革命」が起きた。

*BRICs（ブリックス）　経済成長が著しいブラジル、ロシア、インド、中国の4カ国の頭文字。

**シーレーン（P-00参照）　この海域では、中国が「真珠の首飾り」と呼ばれるシーレーン防衛策を展開。ミャンマー、スリランカ、パキスタンなどに港湾を建設している。

コラム

講義の後で

たとえば中東のカタールは、これまでアメリカに大量の天然ガスを売ってきましたが、アメリカへの販路が絶たれました。そこで、ヨーロッパに安売り攻勢をかけます。

そうなると、ヨーロッパに高値でガスを売りつけてきたロシアは、これまでのような商売はできません。そこで、日本にガスを売り込むことになります。日本へのガス売り込みを成功させるには、北方領土問題の解決がひとつの鍵になります。

かくして、ロシアのプーチン大統領は、北方領土問題についての話し合いに応じる姿勢を見せるようになりました。シェール革命は、日本とロシアの関係を変えるほどの力を持っているのです。

シェールガスをあつめる施設。

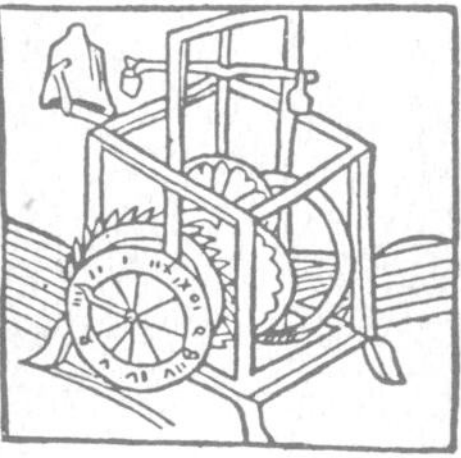

文春文庫

Bunshun Bunko

文藝春秋

Lecture 13

EU 「ひとつのヨーロッパ」という夢と挫折

▼ユーロ危機一段落

２０１３年（平成25年）３月、地中海に浮かぶキプロスで経済危機が発生しました。財政危機からの脱出を目指し、国内の金融機関の預金に課税する方針を打ち出したところ、国民の反発を呼び、預金の引き出し騒動が起こったのです。

キプロスはギリシャとの関係が深く、国内の銀行が大量のギリシャ国債を保有していました。ギリシャ危機でギリシャ国債が暴落し、キプロスの銀行も大きな深手を負いました。キプロス政府としては、金融秩序維持のために銀行に公的資金を投入しようとしたのですが、今度は政府の財政状態悪化が深刻になり、この騒動になったのです。

これに対して、EU（欧州連合）などから100億ユーロ（約1兆2900億円）の支援を受け、キプロス危機はようやく収束に向かいました。ギリシャに端を発した**ユーロ危機**は、EUの存在自体を揺さぶる事態となりましたが、ドイツやフランスが中心になって援助策をまとめ、なんとか危機を一段落させました。

EUは、まるで一つの国のようになりながらも、個別の国家が存在する以上、さまざまな摩擦が生じます。それでもEUは、2012年（平成24年）のノーベル平和賞を受賞しました。授賞理由は、「欧州の平和と調和、民主主義と人権の向上に60年以上にわたって貢献した」というものです。EUの受賞には異論も多いのですが、「欧州の平和」に貢献したことは事実でしょう。**EUは、欧州から戦争をなくす試み**だったのですから。その歴史を振り返ってみましょう。

▼今度こそ戦争を起こさない仕組みを

第2次世界大戦が終わった欧州は、廃虚が広がっていました。敵味方に分かれて戦ったため、町は焼かれ、多数の犠牲者が出ました。欧州では、その前にも第1次世界大戦で大きな犠牲を出しています。それなのに、再び戦火に見舞われてしまった。人々の悲しみと悔悟は大きく、今度こそ戦争が起きない仕組みを作ろうという動きが盛り上がりました。国境があるから戦争になる。**欧州から国境をなくせば、戦争もなくなる。**この理想に向けて、一歩ずつ歩み始めるのです。

最初の一歩は、資源と産業の共同管理でした。1951年（昭和26年）、「欧州石炭鉄鋼共同体（ECSC）」の条約に調印し、ECSCは1952年（昭和27年）に発足したのです。

欧州の戦争は、しばしばドイツとフランスの争いから始まりました。両国の国境付近には石炭産業と、その石炭を利用した鉄鋼業が発展し、この地域の奪い合いが起きていたのです。敗戦で大きな打撃を受けたドイツ（東西に分裂していたので、この場合は西ドイツ）の経済を立て直すには、石炭と鉄鋼が必要でした。しかし、西ドイツに単独で開発させたのでは、また紛争の種になりかねません。そこで、周辺諸国で共同管理する計画が生まれたのです。

こうして誕生したECSCには、フランス、西ドイツ、イタリア、ベルギー、オランダ、ルクセンブルクの6カ国が参加しました。この6カ国が、石炭産業と鉄鋼業を共同管理したのです。この6カ国は、その後の欧州統一の基盤となります。

▼EEC、EC、そしてEUへ

この6カ国が、1958年(昭和33年)1月、「欧州経済共同体(EEC)」と「欧州原子力共同体(EURATOM)」を発足させました。EECは、参加国間の関税を引き下げたり、撤廃したりするなど、ひとつの経済圏を形成するもの。その後のEUへの胎動を示します。EURATOMは、原子力開発をバラバラに進めるより、一緒に取り組んだ方が効率的・経済的だという発想です。

こうした取り組みを進めることで、1967年(昭和42年)7月、「欧州共同体(EC)」が誕生します。ECSCとEEC、それにEURATOMが一緒になったのです。このときの参加国はEECと同じ6カ国でしたが、1973年(昭和48年)には、英国、デンマーク、アイルランドが加盟して、計9カ国に増えます。さらに1980年代には、ギリシャ、スペイン、ポルトガルが加盟して12カ国に拡大しました。

加盟国が**関税***撤廃に向けて話し合いを続けるのは当然のことでしたが、問題は非関税障壁でした。これは、「関税ではない障壁」のことです。たとえば、当時の英国のチョコレートは、ドイツ国内ではチョコレートと呼べるだけの国内基準を満たしていないとして、輸入ができない、という具合です。

また、トラックが国境を越える際は、検問所でチェックを受ける書類が何十枚にも上っていました。これでは貿易がスムーズに進みません。チェックを簡素化したり、書式を統一したりすることで、ひとつひとつ障壁を取り除いていったのです。

こうして１９９１年（平成３年）12月には、オランダの保養地マーストリヒトで、「**欧州連合**」**（ＥＵ）****を規定する条約を結ぶことに合意し、１９９２年（平成４年）２月に条約は調印されました。調印場所の名前をとって、「マーストリヒト条約」と呼ばれます。この条約にもとづき、１９９３年（平成５年）11月、ＥＵ

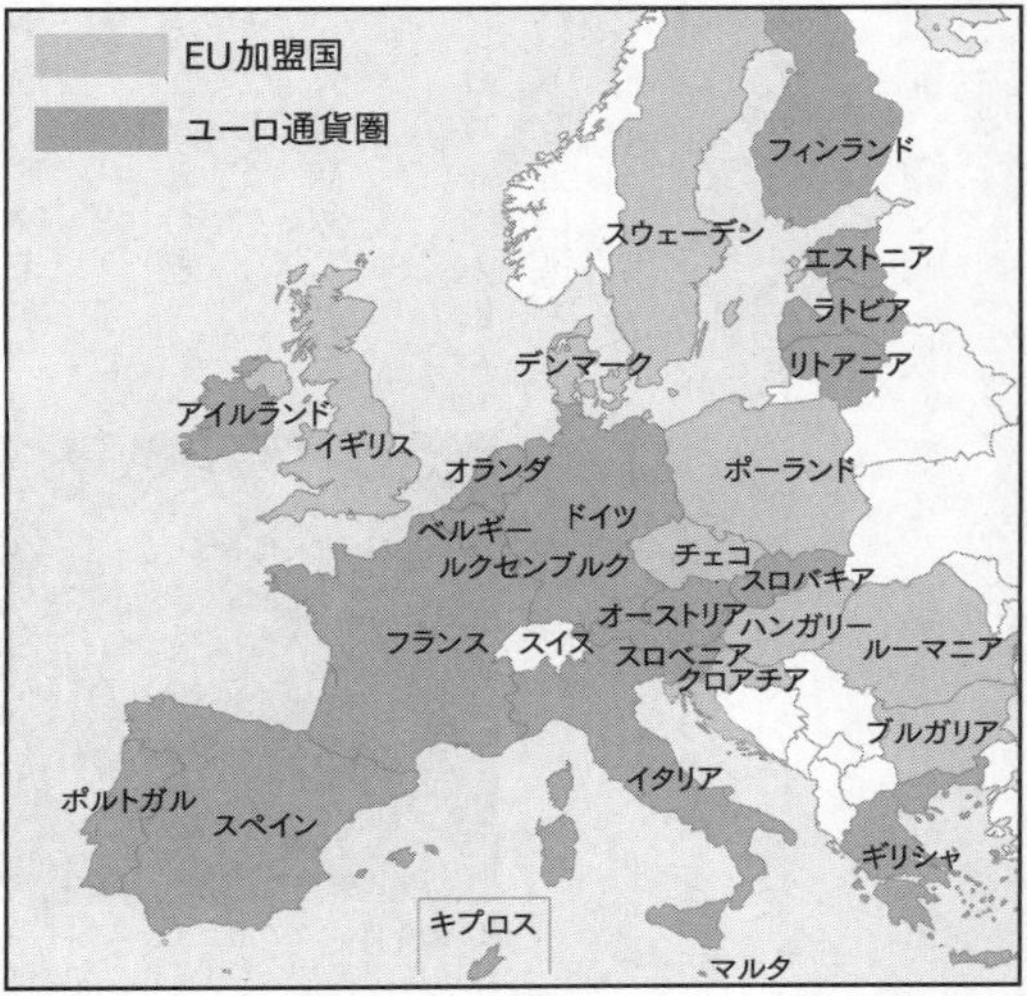

*関税　国産品の保護のため輸入品にかける税金。そのぶん販売価格が高くなるので、国産品の売れ行きが守られる。

**EU　European Union

が発足しました。１９９５年（平成7年）にはオーストリア、フィンランド、スウェーデンが加盟して15カ国に増えます。

EUの旗は、青地に金色の星12個が円を描いています。星12個は、EU発足時の加盟国数と同じだったので、加盟国が増えるにつれて、星の数も増えるのかと私などは思っていたのですが、増えることはありませんでした。欧州では、「12」は1ダースの数と同じ。**「完全な数」という意味**があるので、これが完成形だったのです。

15カ国になったことで、人口は計3億７０００万人になりました。人口で日本や米国を上回る巨大な経済圏が誕生したのです。本部はベルギーのブリュッセルに置かれました。ベルギーには、「ベルギー語」が存在しません。オランダ語、フランス語、ドイツ語の3つの言語を話す人々の国家です。まるで欧州の縮図のような国なので、EUの本部を置くのにふさわしい、ということでした。

やがてEUが巨大化するにつれ、EU本部に働く職員数も増え、官僚化が目立つようになると、「ブリュッセルの官僚たち」と批判されることも多くなるのですが。

EUの旗は、12の星が円を描く。
2010年、本部で会見するファンロンパイEU大統領。

▼欧州の競争力強化めざす

EUが発足したのは、東西冷戦が終結した後です。やがて東欧諸国もEUに加盟を申し込むようになり、2007年(平成19年)1月までに計27カ国にまで拡大しました。さらに2013年7月には旧ユーゴスラビアのクロアチアが加盟し、計28カ国になりました。

EUの拡大には、経済的な狙いもありました。当時は、日本や米国の経済が好調で、欧州諸国には、日米の商品が流れ込み、欧州経済に打撃を与えていました。

欧州諸国は、ひとつひとつの国家の規模が小さく、競争力が弱いままでした。巨大な経済圏が生まれれば、各国の企業は、関税に守られることなく他国のライバル企業と戦わなくてはなりません。激しい争いになりますが、競争を通じて体力がつきます。国境を越えての合併も進みやすく、体力のある巨大企業が誕生しやすくなります。人口が多くなるので、市場が広がり、大量に商品を売ることができれば、コストも下がります。コストが下がれば、日米からの輸出攻勢にも負けなくなることでしょう。

EU圏内でも、ドイツのような先進経済国では、ポルトガルなど人件費の安い地域に工場を建設することで、人件費を節約できます。一方、ポルトガルなどは、工場の進出により、新たな雇用が生まれます。双方にとって利益になることだと考えられたのです。

▼統一通貨ユーロを導入

経済が一体化しつつあるのに、通貨がバラバラでは不都合なことが多い。この不満から、統一通貨への歩みが始まります。

加盟各国が、バラバラの通貨を使っていては、両替手数料が発生します。外国為替相場の動きによっては、為替差損が生じる恐れもあります。こうしたリスクを抑えるため、単一通貨の導入が求められるようになります。当時、欧州各国を旅行で回ると、通貨両替のために払う手数料によって、当初のお金は半分になってしまうと言われました。通貨の統一で、経費も削減されるのです。

ＥＵ諸国内の通貨が統一されると、同じ商品が、各国でいくらで販売されているか、比較が容易になります。こうなると、他国に比べて高い商品は売れなくなります。国際的な競争力がつきます。

単一通貨「ユーロ」は２００２年（平成14年）１月１日から使用が開始されました。その３年前から、各国間の貿易の帳簿上では、ユーロを決済用通貨として試験的に使い始めていましたが、このときは、まだ仮想のもの。現金の通貨は存在していませんでした。

当初、共通通貨の名称は、「エキュ」（ECU）が想定されていました。ECUとは「欧州通貨単位」の頭文字。これが仮想の通貨単位だったからです。ところが、かつてフランスに「エキュ」と呼ばれる通貨があったことがわかり、特定の国の通貨の名前を使うわけにはいかないとの声が出て、ユーロの名称が採用されました。ユーロ紙幣は、表に窓、裏に橋がデザインされています。**「世界に開かれた窓」、「世界の架け橋」**という意味です。ただし、特定の建物の窓や橋がモデルになると、採用されなかった国から不満が出るため、架空の窓や橋がデザインされています。

単一通貨ユーロは、EU諸国がすべて導入したわけではありません。たとえば英国などは参加せず、EU加盟国28カ国のうち、ユーロ導入は19カ国にとどまっています。EU加盟国以外でもユーロを導入する国があり、「ユーロを使用している国」としては現在25カ国があります。

ユーロ紙幣を掲げるエストニアのアンシプ首相（当時）。2011年、ユーロを導入した。

▼ユーロの大きな弱点

ユーロ紙幣を発行し、金融政策を担当するのは、ドイツ・フランクフルトにある欧州中央銀行（ＥＣＢ）です。ここが、ＥＵの中央銀行です。ユーロの硬貨は、各国が製造・発行します。表は共通のデザインですが、裏面は各国独自のデザインが刻印されています。

こうして登場した**ユーロには、大きな弱点が存在します。それは、金融政策*と財政政策**が別個のもの**だということです。

独立国家の場合、国内で金融政策と財政政策の両方を実施できます。景気が悪化すると、政府は財政支出を増やして需要の拡大を図って景気回復を目指す一方、中央銀行も金利を引き下げて、企業が融資を受けやすくします。

ところがＥＵの場合、ＥＣＢが金融政策を一手に引き受けています。たとえばギリシャやスペインなどの経済が不況になった場合、金利水準を下げることが景気対策になりますが、ドイツ経済が好調な場合、金利引き下げは、ドイツでは景気の

欧州中央銀行の入っているユーロタワー（ドイツ・フランクフルト）。

過熱につながりかねません。ドイツはむしろ金利の引き上げを望むところかもしれません。こうなると、欧州全体の金利水準を決めるのは、とても困難な作業になります。

自国経済は不況なのに、ECBが金利を引き下げてくれないのなら、財政支出を拡大して景気回復を目指そうという動きが出ます。結果として、財政赤字が拡大してしまいます。こうなると、EU全体の景気対策は小回りが利かなくなり、経済状態の弱い国は、財政状態が悪化しがちです。これが、ユーロ危機につながったのです。

▼そして欧州合衆国へ？

EUは、その後も統合に向けて進みますが、進行が早すぎたところもありました。2004年（平成16年）に調印された「欧州憲法条約」を認めるかどうか、加盟国がそれぞれ国民投票をした結果、翌年にフランス、オランダが反対となり、一層の統合は挫折しました。

このときは、EUとしての憲法を制定し、国旗と国歌も制定するというものでした。

＊金融政策　中央銀行が行う。政策金利を動かす、国債を民間銀行と売買するなど。

＊＊財政政策　政府が行う。税制を変える、公共事業を増やすなど。

各国の上に欧州合衆国を建国するような性格に対して、不満や不安が高まった結果でした。ちなみに、このとき提案されたEUの国旗は現在の旗で、国歌はベートーベンの「歓喜の歌」でした。

この挫折で統合への動きは一時下火となりましたが、2007年（平成19年）12月、欧州憲法条約から超国家的な性格を除外した新たな基本条約が、リスボン条約として調印されました。

EUが拡大を続けるうちに、参加希望国も増え続けました。その結果、どこまでが欧州なのか、という問題が出てきました。きっかけは、トルコの加盟希望表明でした。トルコは、ボスポラス海峡でアジアと欧州に分かれていますが、欧州に属するとして、EU加盟を求めたのです。

これに対して、EU諸国は、トルコがクルド人の分離独立運動を抱えていることなどを取り上げて、「民主化が進まないと加盟は認められない」などという態度をとっています。

ところが、EUの本音は、トルコがイスラム教徒が多数であることに対する警戒感で

2011年のユーロ危機ではEU崩壊の悲観論も起きた。(左から)ドイツのメルケル首相、フランスのサルコジ大統領、イタリアのモンティ首相。

す。トルコがＥＵに加盟すると、往来が自由になりますから、イスラム教徒が多数、欧州を行き来したり、定住したりすることになるでしょう。それが望ましくないと考えているのです。イスラム過激派が入ってくるのではないかとの不安もあります。

拡大の一途をたどってきたＥＵですが、ユーロ危機にみられるように、急成長のツケを払わされている気配もあります。それでも、「欧州から国境をなくし、戦争のない世界を築く」という理想は実現しつつあるのです。

コラム

講義の後で

ＥＵは２０１５年、ギリシャ危機に揺れました。財政赤字が深刻なギリシャは、ドイツやフランスなどＥＵ諸国からの資金援助によって一息ついてきました。しかし、援助と引き換えに緊縮財政を求められたギリシャは、国民の不満が高まり、反緊縮のティプラス政権が成立しました。ティプラス政権は、反緊縮を掲げてＥＵと交渉。交渉がまとまらなければユーロから離脱するかもしれないと、不安が広がったのです。でも、最終的にギリシャは緊縮財政路線の継続を決め、ユーロ不安は収まりました。

Lecture 14

9・11 世界はテロから何を学べる？

▼アルカイダはテロの「フランチャイズ」

「現代世界を歴史で見る」は今回が最終講義です。2013年1月、北アフリカのアルジェリアで、天然ガスのプラントがイスラム武装勢力に襲撃され、日本人10人を含むおよそ40人が犠牲になりました。武装勢力の実態など、いまひとつわかっていないのですが、国際テロ組織「**アルカイダ***」と関係があるとされています。

アルジェリア・イナメナスのガス田施設を襲撃した犯行グループの男。日本人技術者も殺害された。

アルカイダ系を名乗るテロ組織は世界各地にありますが、実は統制のとれた統一組織ではありません。各地のイスラム武装勢力が、それぞれアルカイダ系を名乗っているのです。たとえは悪いかもしれませんが、「有名ブランド」を掲げるフランチャイズのようなものなのです。

▼ビンラディンはなぜ生まれたか

そもそものアルカイダは、サウジアラビア出身で米同時多発テロの首謀者とされている**オサマ・ビンラディン**が結成しました。彼がアフガニスタン潜伏中に結成した組織で、アルカイダとは「基地」という意味です。

ちなみにオサマ・ビンラディンの正式な名前は、「オサマ・ビン・ムハンマド・ビン・アワド・ビ

オサマ・ビンラディン(1957〜2011)
父ムハンマドには52人の子どもがおり、オサマは20人の息子の7番目とされる。父はサウジアラビアの建設業で成功し、オサマは推定3億ドルの遺産を相続していた。

***アルカイダ**　「基地」の意味。許可なくアルカイダを名乗れること、有名なので資金が集まりやすいことなどから広まった。

ン・ラディン」です。これは、「ラディン家のアワドの息子のムハンマドの息子のオサマ」という意味です。「ビン」とはアラビア語で「～の息子」という意味です。アラブでは、父親の名前が、まるで姓のように名前の後ろにつくのです。

ビンラディンが結成して大きくしたアルカイダのような組織が、なぜ生まれたのか。この組織が広く知られるようになったのは、米同時多発テロからです。その現代史を振り返ってみましょう。

▼米同時多発テロが起きた

2001年（平成13年）9月11日、米国内で4機の航空機が同時にハイジャックされ、このうち2機が、ニューヨークの**世界貿易センタービル**の2棟にそれぞれ突っ込み、2棟のビルは崩壊しました。

1機は、ワシントンの米国防総省ビル、通称「ペンタゴン」に突っ込みました。もう1機は、ハイジャックされたことに気づいた乗客たちが阻止しようとしたため、ペンシルベニア州ピッツバーグ郊外に墜落しました。この航空機は、ワシントンの連邦議会が目標だったことがわかりました。4機の航空機を乗っ取ったのはアルカイダに所属する計19人。サウジアラビア出身者が多く、乗客を巻き添えにした自爆テロでした。

航空機が世界貿易センタービルに突っ込む映像は、テレビの生中継で放送されました。あまりにショッキングな映像で、子どもたちに悪影響を及ぼすということから、**現在ではその瞬間の映像は、テレビ各局が自粛**して放送しません。事件が起きたのはこの講義から12年前のこと。君たち学生は、小学校低学年だったから、事件の意味はわからなかったはずです。

2機目の航空機が突入し、炎を噴き出す世界貿易センタービル南棟(左)と、すでに炎上する北棟。

一方、大人にしてみれば、リアルタイムで経験した事件ですから、「みんなが知っていること」と思って、子どもにわざわざ教えることをしませんでした。その結果、君たちの多くは、事件のことをよく知らないまま大学生になったはずです。

▼米国、アフガニスタン攻撃

事件直後、当時の米国の**ジョージ・ブッシュ**大統領は、事件の首謀者はオサマ・ビンラディンだとして、ビンラディンを受け入れていたアフガニスタンのタリバン政権に対し、引き渡しを求めます。しかし、タリバン政権はこれを拒否。ブッシュ大統領は、

「テロリストをかばう者も同罪だ」として、翌月、英国と共にアフガニスタンを攻撃しました。

当時アフガニスタンには、タリバン政権と対立する勢力「北部同盟」が存在していました。北部同盟は、国の北部に追い詰められていましたが、米英軍の攻撃に呼応してタリバンを攻撃。11月には北部同盟が首都カブールを制圧しました。タリバンは壊滅状態となり、主力部隊は姿を消しました。

その後もアフガニスタンには米軍が駐留しています。米軍は2016年末までに撤退する方針ですが、一時は壊滅状態だったタリバンが復活し、アフガニスタンのかなりの地域を掌握するようになり、米軍は苦戦しています。

アフガニスタンの国民は（どこの国の国民も同じですが）、他国の支配を嫌います。アフガニスタンでは、過去にも他国の軍隊と戦ってきた歴史があるのです。それは、いまから30年以上も前のことでした。

ジョージ・W・ブッシュ（1946～）
2004年、フォートキャンベル米軍基地で兵士に手を振るブッシュ大統領。2001年、第43代大統領に就任。同年9月の米同時多発テロを受けてアフガニスタンに侵攻。2003年にイラク戦争を起こした。2009年まで在任。

▼東西冷戦の代理戦争の舞台に

1979年（昭和54年）12月24日、アフガニスタンの北で国境を接していたソ連の軍隊が、アフガニスタンに侵攻しました。ソ連は、伝統的に自国と国境を接する国家が、自国寄りの政権でないと安心できません。アフガニスタンにも、自国寄りの政権を樹立させていたのですが、ソ連寄りの政権が分裂し、ソ連寄りではない政権が誕生しました。これにソ連が危機感を抱いたことが、**アフガニスタン侵略**につながりました。ソ連軍がアフガニスタンを制圧し、改めて自国寄りの政権を樹立させました。

これに対し、国際社会は強く反発。米国のカーター大統領は、1980年（昭和55年）の**モスクワ五輪をボイコット。**各国にも同様の行動をとるように呼びかけます。この結果、日本もこれに従いました。出場すれば確実に金メダルがとれると期待されていた選手たちの涙の会見が開かれました。

ソ連軍の侵攻に対し、アフガニスタン国内で戦う兵士たちは、「**ムジャヒディン**[*]（イスラム聖戦士）」と呼ばれました。イスラム世界各地から、「同胞のイスラム教徒を救え」と、若者たちが駆けつけ、ソ連軍と戦います。ソ連は、宗教を否定する国家です。

***ムジャヒディン**　アラビア語で「聖戦を実行する者」。アメリカのCIAが訓練し、最新兵器の使い方を教えた。

その侵略軍と戦うことは、イスラム教徒の聖なる義務とされたからです。

これを米国が支援しました。米国にすれば、ソ連と戦う勢力なら誰でも応援する、というわけです。当時は東西冷戦のさなか。アフガニスタンは、東西冷戦の代理戦争の舞台になったのです。このとき、サウジアラビアからオサマ・ビンラディンもやってきていました。イスラム世界から集まってきた兵士たちの名簿を整理するためにつくった組織が、アルカイダでした。**米国はビンラディンを支援していた**ことになります。

アフガニスタンは内陸国で、米国が直接アフガニスタンに援助することができません。そこで、パキスタン軍の秘密情報組織であるISI（統合情報部）を通じて武器をアフガニスタンに送り込みました。

米国の最新兵器で武装し、「聖戦で死ねば天国に行ける」と信じるムジャヒディンたちを相手に、ソ連軍は苦戦します。結局、1989年（平成元年）2月、ソ連軍はアフガニスタンから撤退しました。ソ連軍兵士の死者1万5000人。アフガニスタン国民の死者150万人という悲劇でした。しかし、悲劇はここで終わりませんでした。

ソ連軍の戦車にまたがるアフガニスタンの兵士たち。

▼タリバン登場

ソ連軍撤退で、米国はアフガニスタンに対する興味を失い、その後の動向に関知しませんでした。ソ連軍がいなくなった後、今度はムジャヒディン同士の内戦が始まったのです。国内は荒廃しました。

ここでパキスタンは、混乱に乗じて自国寄りの政権樹立を画策します。パキスタンは、東側のインドとたびたび軍事衝突を繰り返してきました。対インド戦をにらむと、自国の背後になる西側に、自国寄りの政権を樹立しておきたかったのです。

そこで目をつけたのが、ソ連軍侵攻でアフガニスタンからパキスタンに逃げてきた難民の子どもたちでした。彼らは、難民キャンプの近くに建てられた神学校で、極端な**イスラム原理主義**の教えを受けていました。パキスタンのISIは、彼らに武器を渡し、アフガニスタンに攻め込ませたのです。これがタリバンでした。[*]**タリバンとは「学生」**

タリバンはアフガニスタン・バーミヤンの巨大石仏を破壊した。1997年撮影。

***タリバン**　神学校は全寮制で孤児が多く、神学といっても『コーラン』をひたすら暗唱させるだけだった。

という意味。**神学校の学生たち**だったのです。

1994年（平成6年）、アフガニスタンに突如タリバンが登場すると、最新兵器を持っていたこともあり、あっという間に国土の90％を支配するに至ります。1996年（平成8年）9月には首都カブールを掌握しました。残りの勢力は北部に追いつめられ、「**北部同盟**」と呼ばれるようになりました。

アフガニスタンを支配したタリバンは、驚くべき恐怖支配に乗り出します。イスラム教の独自解釈により、「女性は守られるべき存在であり、家の外に出るべきではない。学校に通ったり、働いたりしてはいけない。家族以外の男性に姿を見せないように、外出するときはブルカ着用を義務付ける」と強制したのです。ブルカは、全身を覆うマントで、顔すら見えない衣装です。

アフガニスタンには、バーミヤンの貴重な仏教遺跡がありましたが、「仏像は、イスラムが禁止した偶像崇拝にあたる」として、世界の反対を押し切って破壊してしまいます。

ソ連軍が撤退した後、各地から駆けつけていたイスラム圏の若者たちは、母国に帰っていました。オサマ・ビンラディンもサウジアラビアに帰国していたのですが、ここでは別の事件が起こっていました。

▼湾岸戦争でサウジに米軍駐留

1990年（平成2年）8月、イラクがクウェートを侵略したのです。これは**湾岸危機**と呼ばれました。ペルシャ湾岸での出来事だったからです。イラクの当時の独裁者**フセイン大統領***は、豊かな隣国クウェートの石油資源を入手しようと考えたのです。

イラク軍の行動におびえたのが、やはり豊かな隣国サウジアラビアでした。イラク軍が、そのままサウジアラビアまで侵略するかもしれないという危機感を持ち、米国に防衛を依頼します。サウジアラビアは大量の石油を米国に輸出する親米国家だったからです。米国の**ブッシュ大統領（パパ・ブッシュ）****は、要請に応えて米軍を派遣します。さらに世界各国に呼びかけて多国籍軍を結成。1991年（平成3年）1月、イラクを攻撃して、イラク軍をクウェートから追い出しました。これが**湾岸戦争*****です。

*サダム・フセイン（1937～2006）　1979年にイラク大統領となり独裁をおこなった。

**パパ・ブッシュ（1924～）　1989～93年の米大統領。1989年、ゴルバチョフソ連大統領とともに冷戦の終焉を宣言した。

***湾岸戦争　空爆開始から約2カ月で、イラクは停戦協定を受け入れた。

これに強く反発したのが、オサマ・ビンラディンでした。彼は、イスラム教の聖地**メッカ**と**メディナ**があるサウジアラビアに、異教徒の軍隊が駐留するのに反発し、国王に対して、「自分たちアフガニスタン帰りの者でサウジを防衛する」と申し出ます。

しかし、サウジの国王は取り合わず、米軍が駐留しました。このためビンラディンは国王を批判。これが国王の怒りに触れ、国外追放となりました。ビンラディンは、自分の居場所として、かつて仲間と戦ったアフガニスタンに渡り、タリバンの客人として滞在するようになったのです。

▼「反米意識」と「テロとの戦い」

米軍のサウジ駐留に怒ったビンラディンは、反米意識を募らせ、アルカイダを国際テロ組織へと発展させます。米国に打撃を与える方法を考え、同時多発テロを計画したようです。若者たちを米国に送り込んだのです。

2001年（平成13年）同時多発テロを受けた米国のブッシュ大統領は、「テロとの戦い」を掲げます。ブッシュ政権にとって、一番の目標はイラクでした。

湾岸戦争の後も、イラクのフセイン大統領は政権を維持しました。戦争の後、国連の査察団がイラクに調査に入り、フセイン政権が核兵器の開発をひそかに進めていたこともわかります。この時点で開発は中止されましたが、その後、開発を再開しているのではないかと疑心暗鬼に駆られていました。

また、フセイン政権が、パパ・ブッシュの暗殺計画を立てていたことにも怒っていました。その結果、「イラクのフセイン政権は大量破壊兵器を持っている。米国は、攻撃される前に攻撃する」と宣言して、**2003年（平成15年）、イラクを攻撃**します。しかし、**大量破壊兵器*は見つかりませんでした。**フセイン政権は、開発を断念していたのです。

アフガニスタンに最初に入ったオサマ・ビンラディンを援助したのが米国だったように、中東地域で強大な力を持つようになったイラク軍を援助したのも、実は米国でした。それは、イラン・イラク戦争がきっかけでした。

1980年（昭和55年）から8年も続いた**イラン・イラク戦争****で、米国はイラクを支援しました。イランが反米国家だったからです。この結果、戦争が終わってみると、イ

2006年、イラク高等法廷で発言するフセイン元大統領。死刑判決を受けた。

***大量破壊兵器**　核兵器、生物兵器、化学兵器など、人間や建造物を大量に殺傷・破壊できる兵器のこと。

ラクは中東地域で有数の軍事力を持つようになっていたのです。

▼スンニ派とシーア派の対立激化

米国のイラク攻撃で、フセイン政権は崩壊し、フセイン大統領は死刑判決を受けて処刑されました。しかし、イラクは、ここから内戦状態に突入します。

イラクには、民族としてはアラブ人とクルド人が住んでいる一方、宗教ではイスラム教の**スンニ派**[***]と**シーア派**に分かれていました。フセイン大統領は、イラク国内では少数派のスンニ派に属していたこともあり、スンニ派を優遇し、シーア派やクルド人を弾圧してきました。

フセイン大統領亡き後は、スンニ派とシーア派の対立が激化し、多数の死傷者が出る内戦状態となったのです。その後、国民の間に厭戦《えんせん》気分が広がり、事態はようやく収まってきましたが、いまも国内では散発的なテロが発生しています。

ブッシュ政権を引き継いだオバマ大統領は、イラクとアフガニスタンから米軍を撤退させるための目標を定め、戦闘部隊はイラクから撤退を果たしました。さらにアフガニスタンからも米軍を撤退させようとしていますが、タリバンの攻撃で治安が好転せず、撤退は難航しています。

▼パキスタン、タリバンに悩む

困っているのは、米国ばかりではありません。アフガニスタンの隣国パキスタンも、国内の治安確保に苦しんでいます。パキスタン国内に、タリバンやアルカイダの影響を受けた勢力が生まれてしまったからです。

米同時多発テロから10年たった2011年（平成23年）5月、パキスタンに潜伏していたビンラディンを米軍の特殊部隊が急襲して殺害しました。「米国の敵」が、パキスタン国内に潜伏していたのです。米国は、ビンラディン攻撃をパキスタン政府に事前に通告することなく、独自の奇襲作戦を敢行しました。パキスタン政府に伝えると、ビンラディンに漏れてしまうことを恐れたからでした。ビンラディンがパキスタンに潜伏し

**イラン・イラク戦争　イランはペルシャ民族の国家。ホメイニ師によるイラン革命の混乱に乗じて、フセインが隣国に侵攻した。

***スンニ派とシーア派　スンニ派はイスラム教の多数派。「スンニ」とは伝統・慣習の意味。シーア派はイランやイラクに信者が多いが、他国では少数派。ムハンマド亡きあと、娘婿のアリーを支持する「アリーの党派」で、党派を「シーア」ということからシーア派と呼ばれる。

ていたことで、パキスタン国内に支援組織があるのではないかと米国は疑っていたのです。

　パキスタン国内には、反米ムードが充満しています。タリバンの思想が国内で拡大しているからです。タリバンの影響を受けて生まれたのが、「パキスタン・タリバン運動」（TTP）です。タリバンがアフガニスタン国内で実施したのと同じことをパキスタンで実行に移そうとしています。「女性は自宅にいろ」と、女子校を襲撃したりしているのです。

　パキスタンがTTPに悩まされるようになったのは、もとはといえば、パキスタンがアフガニスタンに自国寄りの政権を樹立しようとしたことに端を発します。パキスタンが送り込んだタリバンが成長し、その思想がパキスタンに逆流してしまったのです。

ビンラディン急襲作戦をホワイトハウスの作戦司令室で見守る、オバマ大統領（左から２人目）とクリントン国務長官ら。

　自国の都合で**他国に手を突っ込むと、結局は自国に難題が降りかかる**ことがある。各国とも、これを繰り返してきたのです。こうした**愚かな歴史を知ることで、少しでも失敗を繰り返さないように**する。これが、現代史を学ぶ意味なのです。

▼歴史や宗教に無知ではいられない

最後に、私の海外取材の経験から皆さんに伝えておきたいことがあります。

皆さんの中には将来、研究者や技術者などとして海外に赴任する人もいるでしょう。そんな時には、**現地の社会情勢や歴史、宗教について知っておいてください。**現地で物事を成功させるには、**人々と協力し合い、信頼関係を築かなければならない**からです。長期プロジェクトとなればなおさらです。

1月のアルジェリアの事件で犠牲になった日本人の中には、東京工業大学の先輩もいました。おそらく「少しでも現地の人々の暮らしが豊かになれば」という思いがなければ、あの過酷な自然環境の下でプロジェクトに関わることは難しかったでしょう。志半ばで異国の地に倒れた人々の情熱やその無念さを忘れないでいてほしいと思います。

coffee break

9.11同時多発テロが起きた時、私はNHK「週刊こどもニュース」のお父さん役をつとめていました。まず考えたのは、「イスラム教徒全体が怖いという偏見をもってほしくない」ということです。

テレビには、飛行機が突入する衝撃的な映像と「イスラム原理主義過激派」という言葉が溢れていました。子どもたちに「イスラム＝悪」と刷り込まれても不思議はありません。しかしこの本を読んでもらえればわかるように、どの宗教にも愚かな戦争を繰り返してきた歴史があるのです。

そこで「こどもニュース」では数学の「集合」の概念をつかった模型を提案しました。「イスラム教徒」という大きな集団のなかに「イスラム原理主義」という考え方のグループがいる。さらにそのごく一部に、武器で目的を果たそうとする「過激派」がいる。その三者すべてを一緒に考えてはいけないよ、と語りかけました。

あとがきに代えて

それでも未来へ進むために

20世紀の現代史は血塗られています。この本の中に出てくるエピソードだけでも、いったい何人が殺害されたことか。想像を絶するような悲劇が繰り返されてきたのです。

この歴史を見て、絶望的な思いに駆られる人も多いことでしょう。

でも、21世紀に入りますと、このような惨劇が激減しています。20世紀の歴史を振り返ると、「果たして歴史は進歩しているのだろうか」との疑問を持ちますが、たとえばEUの取り組みなどを見ると、戦争の脅威を少しでも減らそうという人間の叡智《えいち》を感じます。たとえユーロ危機という失敗があっても、全体としては、前に進んでいるように思えます。

過去の悲惨な歴史を知り、その失敗に学びながら、未来を考える。これが、現代に生きる私たちの責任だと思うのです。

毎週の東工大の講義の合間に海外取材を繰り返しながら、学生諸君に「世界の今」を伝えてきました。この本で、その一端を味わっていただけると幸いです。

講義の様子のダイジェストは、毎週、日本経済新聞に連載されました。連載に当たり、倉品武文さんにお世話になりました。毎週の原稿についての感想やコメントに励まされました。この本の形にする上では、前著と同じく文藝春秋の渡辺彰子さんの手を煩わせました。感謝しています。

2013年9月

ジャーナリスト・東京工業大学教授　池上　彰

文庫版あとがき

この本は、私が東京工業大学リベラルアーツセンターで教えてきた講義内容を三部作にまとめたシリーズの最後です。今回は、「現代世界を知るために」と題した講義を元にしています。

東京工業大学の理系の学生たちに、現代史を知ってもらおうというのが目的の講義です。理系の学生たちの中には、中学や高校時代に歴史を暗記科目だと誤解。すっかり嫌いになってしまったというケースが多いのです。

しかし、歴史は暗記物ではありません。ある出来事が発生したことによって、次の出来事が生まれ、それがさらに次の展開につながっていく。因果関係を辿っていく学問なのです。そう考えれば、論理的な思考力に優れた東工大生にも、理解してもらえるはずです。

東工大での講義内容は、毎週日本経済新聞に連載され、それを元に文藝春秋から本になりました。日本経済新聞に連載中は、多くの社会人読者からも支持をいただきました。

現役の社会人たちも、現代史を知りたがっていたのです。かくして、この本は『学校では教えない「社会人のための現代史」』という題名になりました。大学での講義が元になっていますが、社会人のお役に立つと思うのです。

現代史は、いまのニュースに直結することばかりです。たとえば、自称「イスラム国」の出現は、中東をめぐる数々の歴史の結果です。「イスラム国」のことを知るには、その少し前にさかのぼらなければなりませんし、少し前の歴史を知っていれば、「イスラム国」の存在が理解できます。

この本の元になっている東工大の講義の時点では、「イスラム国」はまだ出現していませんでした。このため、本文では触れていません。そこで、文庫版あとがきで、「イスラム国」について取り上げます。歴史を知るといまが理解できると私が言う意味がわかっていただけるはずです。

自称「イスラム国」出現のきっかけになったのは、2003年に起きたアメリカによるイラク攻撃でした。

当時のブッシュ大統領（息子のブッシュ）は、イラクのフセイン大統領が大量破壊兵器を隠し持っているとして、イラクを攻撃しました。大量破壊兵器がイスラム過激派の手に渡るのを防ぐというのが建前の目的でした。しかし大量破壊兵器は存在しませんでした。実際には、イラクの石油が欲しかったのと、父親（パパ・ブッシュ）を暗殺しようとしたフセイン大統領は許せないという息子の個人的な恨みもありました。

では、なぜパパ・ブッシュは命を狙われたのか。その遠因になったのは、1990年に起きた「湾岸危機」でした。

東西冷戦中は、アメリカとソ連（ソビエト社会主義共和国連邦）が睨み合う中で、周辺の国は、うっかりした行動が取れませんでした。しかし、冷戦が終わったことで、新たな国際秩序を作り出そうと考えたイラクのフセイン大統領は、隣国クウェートを侵略。石油産出国で豊かなクウェートを自国の領土に組み込むことで、強大なイラクを建設しようと目論んだのです。

ところが、フセイン大統領の思惑通りにはいきませんでした。当時のアメリカのジョージ・H・W・ブッシュ（パパ・ブッシュ）大統領は、これを許さず、世界各国に働きかけて、多国籍軍を結成。翌年1月、イラクを攻撃して、イラク軍をクウェートから撃退しました。

この結果、野望を打ち砕かれたフセイン大統領は、ブッシュ大統領の引退後、本人の暗殺を計画したのです。計画は失敗し、これを知った息子の大統領は、仕返しを試みたというわけです。

湾岸戦争のときには、数多くの国が多国籍軍に結集しましたが、イラク攻撃では、ほぼ米英軍だけの攻撃になりました。他国は、アメリカの乱暴なやり方に批判的だったからです。

この攻撃でフセイン政権は崩壊しました。しかしアメリカは、戦後処理につまずきます。バース党員を全員、公職から追放してしまったからです。

イラクは、バース党（アラブ復興党）の一党独裁でした。イラクで出世するにはバース党員でなければなりませんし、優秀な人物は、バース党にリクルートされていたのです。自分から志願してバース党員になった人間は、ほとんどいなかったのです。

そんなことは知らないブッシュ政権は、バース党員全員を公職から追放しました。その結果、警察と軍は一瞬にして消滅してしまいました。警察官も軍の将校たちも、バース党員だったからです。

学校の先生も、役所の公務員たちも、バース党員でした。アメリカのブッシュ政権は、見事に（!?）イラクという国家全体を破壊したのです。

治安組織が崩壊したイラク国内では、イスラム教のスンニ派とシーア派が対立。内戦状態の様相を呈します。この内戦の中から、スンニ派過激組織が生まれます。これが、「イスラム国」の前身の組織です。この組織は、やがて名称を「イラクのイスラム国」と名乗ります。

一方、中東アフリカでは２０１０年から「アラブの春」と呼ばれる民主化運動が始まり、シリアのアサド独裁政権に反対するデモが発生すると、アサド政権は、反対派を容赦なく弾圧。遂に内戦に発展します。

これを見た「イラクのイスラム国」は、組織名を「イラクとシリアのイスラム国」と改称。シリアに入っていきます。シリア国内では、アサド政権と戦うよりは、むしろ反政府勢力を襲撃。資金や武器を手に入れて、イラクに戻ってきました。

これに驚いたイラク政府軍は、恐れをなして逃げ出し、「イラクとシリアのイスラム国」は、支配地域を飛躍的に拡大。遂には名称を単に「イスラム国」と名乗るようになりました。

「イスラム国」は、支配地域の面積ではイギリス並みとなり、人口は800万人にも上っています。

こうした領土と人口を支える官僚組織は、かつてフセイン大統領の下で働いていた官僚たちです。統治能力に優れ、過激な「イスラム国」を支えています。

歴史に「もしも」はありませんが、もしブッシュ大統領（息子のブッシュ）がイラクを攻撃しなかったなら、もしバース党員を追放しなかったなら、「イスラム国」は生まれなかった可能性が高いのです。

ブッシュ大統領は、イラク攻撃の前、「日本もドイツも、アメリカと戦争をしたが、アメリカによって敗れた結果、民主主義国に生まれ変わった。だからイラクも民主化することができる」と発言していました。歴史を知らない、あまりに乱暴な論理でした。歴史を知らない指導者は、危険極まりない存在であることを示したのです。

東工大の講義の三部作は、こうしてすべて文庫化されました。前の二作と共に読んでいただければ幸いです。

文庫化に際しても、東工大の講義を傍聴に来てくださっていた文藝春秋の渡辺彰子さんにお世話になりました。

2015年9月

ジャーナリスト・東京工業大学教授　池上　彰

単行本　２０１３年10月　文藝春秋刊
文庫化にあたり、加筆・修正しました。
ＤＴＰ制作　鈴木知哉

文春文庫

学校《がっこう》では教《おし》えない「社会人《しやかいじん》のための現代史《げんだいし》」

定価はカバーに表示してあります

池上彰《いけがみあきら》 教授《きようじゆ》の東工大講義《とうこうだいこうぎ》 国際篇《こくさいへん》

2015年11月10日　第1刷

著　者　池《いけ》上《がみ》彰《あきら》

発行者　飯窪成幸

発行所　株式会社 文藝春秋

東京都千代田区紀尾井町 3-23　〒102-8008
TEL　03・3265・1211
文藝春秋ホームページ　http://www.bunshun.co.jp

落丁、乱丁本は、お手数ですが小社製作部宛お送り下さい。送料小社負担でお取替致します。

印刷・凸版印刷　製本・加藤製本

Printed in Japan
ISBN978-4-16-790492-0